《理财周报》著

100位顶尖投资家的理财策略

FINANCING STRATEGY FROM
100 TOP INVESTORS

南方日报出版社
NANFANG DAILY PRESS

图书在版编目（CIP）数据

100 位顶尖投资家的理财策略 / 《理财周报》著. -- 广州 : 南方日报出版社，2011.6

ISBN 978-7-5491-0215-0

Ⅰ. ①1… Ⅱ. ①理… Ⅲ. ①私人投资②家庭管理：财务管理 Ⅳ. ①TS976.15

中国版本图书馆 CIP 数据核字(2011)第 105850 号

100 位顶尖投资家的理财策略 《理财周报》著

出版发行：南方日报出版社
地　　址：广州市广州大道中 289 号
电　　话：（020）83000502
经　　销：全国新华书店
印　　刷：广州市怡升印刷有限公司
开　　本：889mm×1194mm　1/16
印　　张：15.5
字　　数：300 千字
版　　次：2011 年 6 月第 1 版
印　　次：2011 年 6 月第 1 次印刷
定　　价：30.00 元

投稿热线：（020）83000503　读者热线：（020）83000502

网址：http://nf.nfdaily.cn/press/

目录

Contents

投资高手成功的法则

红杉中国基金创始及执行合伙人　沈南鹏

我有一个观点和大家分享。尽管投资领域不同、市场不同（公共市场、VC、PE）、投资回报期望不同，但感觉投资高手们都越来越从“价值投资”的角度看问题，而越来越少关心在意“接盘者”的考量或所谓的“momentum investment”。这是市场趋于机构化、趋于理性、趋于长期性的一个重要标志。

从市场发展早期的非理性短期炒作到今天的这种市场主导者的基本趋向，这是可喜的发展。其实对于VC/PE投资者来说，这是必须遵守的原则。

深刻了解企业的行业特征、发展规律，深刻了解企业管理模式的细微差异，是投资成功必需的条件。

100位顶尖投资家的理财策略

第一部分

宏观经济大势

- 人力资源开发对于中国发展至关重要
- 进行价值投资是既简单又困难的事情
- 制造业转型：产品中心化转向客户中心化
- 欧洲：伤痛、调整、区域差异
- 中国经济增长方式转型是严肃的必答题
- 市场制度改变了人类发展轨迹
- 财富管理的魅力
- 住房保障需要新思路新举措

Dale T. Mortensen（戴尔·莫滕森）
2010年诺贝尔经济学奖得主

主要观点

当中国转型成为一个发达国家的时候，也应该进一步考虑，如何利用这些财富培训非熟练工人，充分利用这些人力资源来进一步推动发展。

人力资源开发对于中国发展至关重要

关于世界经济，我想先谈谈美国和欧洲的情况。

现在美国的需求不足大部分是源于负增长、银行在负的贷款利率和存款利率之间的一系列问题。美国政府有几方面的问题，一方面是受到财政政策方面的困扰，再有就是关于创新发展方面的问题。不过现在还有一些好的趋势，像美国的纳米技术在不断发展，还有一些私营企业也在不断地扩大。如果这两个创新点能够充分发挥起来的话，美国的经济复苏还是可以指望的。

而美国未来的就业，还要取决于私营企业，尤其是它们对于未来的预期。如果未来预期比较乐观，我相信就业还是会复苏。

至于欧洲，现在随着欧元区债务危机进一步加深，欧盟一些国家也开始采取一系列措施，包括调整税率以及降低政府支出来实现账目平衡。在这一过程中，有可能会降低对中国产品的进口需求，同时这也像美国次贷危机一样，对中国及其他国家产生一系列负面影响。

谈到中国对世界的影响，我认为中国一直参与国际社会合作，并且促进和推动了全球贸易。我非常关注中国的GDP问题，也希望中国的GDP能够位居首位，那样的情况下，中国会更加富足。不过有一个问题需要注意，中国的人口基数是很大的，人均GDP即人均富裕程度会对中国的总GDP产生一定的影响。所以我觉得对中国、对全球来说，我们都应该秉承一种友好合作的态度，尽量地加强合作，避免竞争，这是互惠互利的。

中国在过去30年所取得的成就，经济得到飞速发展，根源是什么？我们说归功于中国的改革开放。改革开放之前中国有大批资源，但实际上，这些资源利用率很低；改革开放之后，这些资源得到了更好的、充分的利用。在这样一种情况下，人民的工资水平得到了提高，并且中国的比较优势也得到了极大的转变。

中国从现在开始就应该去思考，如何充分利用这些积累的、获得的财富。当中国转型成为一个发达国家的时候，也应该进一步考虑，如何利用这些财富培训非熟练工人，充分利用这些人力资源来进一步推动发展。我觉得人力资源的开发，包括一系列其他资源的利用对于中国未来发展是很重要的。

至于未来若干年中国的人口结构所面临的老龄化问题，我想这个问题在西方国家是非常普遍的，尤其在一些欧洲国家。这种老龄化实际上带来了两方面的结果，一方面，我们现在有了非常好的医疗技术和医疗常识，可以帮助我们改变现有的生活方式，并且可以让人们以一种更有意义的方式去生活。

另一方面，实际上这些先进的医疗技术被用来帮助一些已经非常年老的人或者病人，帮助他们延长寿命。因此，医疗服务的成本和需求是非常大的，上面我提到的两方面情况，在未来的中国都有可能碰见。

有了这些前车之鉴，中国应该在政策或者说策略方面会有更好的规划。

此外，我们应该适当地完善社会保障网或者说社会保障体系来帮助那些弱势人群，让他们也能够共享经济发展的成果，这是我们未来所要规划的一个问题。

David Sokol（大卫·索科尔）　中美能源前CEO

主要观点

我所理解的“价值投资理念”，首要的是在特定的经济环境中找到具备长期投资价值或者独特的核心能力的公司，第二个要点是以合理的价格买进股份。

进行价值投资是既简单又困难的事情

在我准备动笔之时，我忽然发现，关于我对价值投资的信念以及伯克希尔·哈撒韦公司的投资风格，在我的自传《永不满足》以及巴菲特先生每年给股东的信里都已经谈过很多。因此，关于这个主题，我可能写不了一封太长的信。

我所理解的“价值投资理念”，首要的是在特定的经济环境中找到具备长期投资价值或者独特的核心能力的公司，我们选择这些有可持续竞争优势的公司进行投资，这样的公司可以持续不断地超越竞争对手。第二个要点是以合理的价格买进股份。当然，什么是合理的价格，不同人有不同的理解，要对未来的投资风险进行理性的分析，因此进行价值投资是既简单又困难的事情。

对我们而言，就是要挑选长期而言最有可能成功的公司，不管这个企业会成为比亚迪还是IBM或是丰田公司。以这三者举例，我们不会投资IBM，因为我们对高科技行业不了解，我们无法评估这个行业的风险；丰田是非常大的成熟企业，在每个国家都有业务，对这家公司进行基本面的综合评估是非常复杂的事情，因此我们也不会投资；但是比亚迪具备我们投资选择的所有要素。有时发展上佳的行业，却未必能找到适合的公司投资，我们更着眼于个别公司的素质，不会以国家、行业先行。

谈到对一家公司的管理和运营，我曾在自传《永不满足》中做过详细的阐述，我信奉六个关键原则，任何公司都应该坚持。这六个原则没有特别的先后顺序，因为创立或构建一个真实客观的事业，它们必须平衡地存在。

自1991年，我加入中美能源控股公司做CEO以来，它们一直是公司的核心原则，将来也是。

这六个原则是：客户承诺、员工承诺、财政实力、诚实正直、尊重环境以及卓越的运营。

如果你是一家公司的管理者，关于客户承诺和员工承诺，不妨经常问问自己这些问题：企业常常声称把客户放在第一位，但是你真的这样做了吗？你多久能听到“员工是我们最重要的资产”这样一句话？这句话意味着什么呢？它只是一句醒目的话语还是一个真正的承诺？

至于诚实正直，我想说的是，对大多数人来说，这个核心原则似乎是最明显的。但在现实中，这点往往是最受忽视的。巴菲特经常描述我们的招聘做法，说要成为我们的员工必须具备三点：诚实、智力、激情。虽然我们会考虑大量的不同的智慧和热情，但我们绝不会考虑任何不诚实的人。少数的几个拥有高智慧和热情，但是缺乏诚信的人能够导致巨大的损失、带来巨大的伤害。在Enron、WorldCom和Tyco身上发生的事件就是很好的例子。

至于对中国未来经济的看法，我们可以看到在金融危机之后，中国经济展现出强劲的后劲。我觉得两个方面的原因促成了这个局面：一是政府采取了果断的措施；二是中国人民非常勤奋，教育素质也非常之高，创业的企业家精神也非常强大。综合以上这些因素，中国经济可以说具备了一个长期发展的美好前景。

就在这场危机中，美国和西欧各国可以说犯下了非常严重的错误，如银行对消费者投过多的信贷、政府的负债水平逐渐升高等。而中国却很明智地避开了这些问题，在这种情况下，我认为中国和亚洲市场可以给我们提供很多很好的投资机会。

Edison S. Tse（谢德荪）
斯坦福大学亚太中心前主任

主要观点

如果说硅谷有灵魂的话，那一定是永不停歇的创新精神。而展望中国未来的发展，中国该如何影响世界？创新更是必须直面的重大战略课题。

制造业转型：产品中心化转向客户中心化

斯坦福大学身处硅谷的核心地带，多年来为全球科技界输出很多精英，从惠普创始人戴维·帕卡德到Google创始人谢尔盖·布林和拉里·佩奇等，数不胜数。事实上，如果说硅谷有灵魂的话，那一定是永不停歇的创新精神。而展望中国未来的发展，中国该如何影响世界？创新更是必须直面的重大战略课题。下面，我想以苹果为例来谈谈创新。

苹果的股价在2011年1月19日达最高峰348.6美元，但在总裁史蒂夫·乔布斯（Steve Jobs）宣布病休之后几天，股价一直在下降。很多人都认为苹果能成为最有创新能力的公司，乔布斯是关键，因此他的病情直接影响苹果的股价。但在1月24日它的股价开始回升，也就是说华尔街也有部分人认为苹果公司已建立激进创新的机制，即使乔布斯不在，苹果的未来也不会有大改变。这些也成为最近在硅谷饭后朋友交谈的话题，我也想以这话题引入一些我对企业创新、长线投资及中国制造业转型的看法。

毫无疑问，乔布斯是一个很有创意的人，他与史蒂夫·沃兹尼亚克（Steve Wozniak）共同创立苹果电脑公司，他们的Apple Ⅱ开拓了个人电脑市场，之后他以Macintosh开拓了图形操作系统市场，从这两件事，我们可看出乔布斯的创新才华。但结果如何？Apple Ⅱ被IMB PC打败，而Macintosh也被微软—英特尔—康柏三位一体打败。

因为Macintosh的失误，乔布斯被迫离开苹果，时隔十年，苹果在面临危机时邀请乔布斯重返苹果担任行政总裁，使命是重塑苹果。他刚上任便以创新才华创造了外表很“酷”的iMac，这使苹果的个人电脑销量从下降转为上升，使它恢复元气，但市场份额仍然徘徊在2%左右而不能突破。苹果是通过一连串的创新转型活动（iPod、iPhone与iPad），彻底解决了它多年阻滞的情况，而且突破个人电脑市场的限制，开拓了全新的电子消费市场。

但这些创新活动，都不是如Apple Ⅱ及Macintosh那样的革命性科技创新活动。iPod之所以成功不是因为它的科技，因为当时很多人都知道MP3技术，也不是因为它的“酷”设计，iMac的“酷”设计也轰动一时，但不能使它在市场突破，它成功的关键是建立了一个新的商业模型。消费者与商家群的正向互动是iPod的成功关键。

同是一个乔布斯，有同样的创新才华，但在早期他的创新只是为他人做了嫁衣裳，而在近十多年内他凭自己的创新才华，带领苹果走出困境，并使其成为美国市值排名第一的公司。其中的区别在哪里？早期的乔布斯是产品中心化，他注重的是产品的酷设计、新技术的功能，然后以他个人的魅力，鼓动消费者买他的产品。这是传统的价值链商业模型，但因新产品都易被人复制，它所拥有的优势不能持久。近十多年内的乔布斯转向客户中心化，他关注的是客户的欲望，苹果该如何通过自己的产品、组合外间有关经济成员的资源来满足客户这些欲望。这其中又该如何激励这些经济成员，使它们愿意配合苹果分配自己的资源？

也就是说，苹果不但要了解客户的欲望，也要了解这些经济成员的欲望，从而通过苹果建立的平台，使双方都能满足它们的欲望。这是一个新的商业模型，我称之为“两面市场”商业模型。公司是两面市场中间的平台，这平台组合自身与一方的资源来满足另一方的欲望，以此形成两面的正向互动，使价值不断增加而促使市场发展。因为满足的是客户的欲望，所以“两面市场”商业模型适用于利用现有的技术来开拓新市场。苹果的转型是从产品中心化转为客户中心化，从价值链转为“两面市场”商业模型。

中国制造业的转型不是从低回报制造业转移到高回报制造业，因为这是以产品为中心，高回报只是在一段时期，不能持久。我认为中国制造业的转型是从产品中心化转为客户中心化，从价值链的制造环节转为“两面市场”的平台，从在现有市场增强竞争力转为开拓新市场，从“中国制造”（Made in China）转为“为中国人民、企业、政府创造价值”（Made for China）。同样，我们也要建立激励机制来使这种创新转型活动持续发展。

Paola Subacchi（帕拉·苏巴基）
英国皇家国际问题研究所国际经济部

主要观点

只有等到与汇率有关的能源价格增长势头结束，欧元区通胀才会降下来。

欧洲：伤痛、调整、区域差异

雷曼兄弟2008年9月破产迄今两年半了，而现在我们仍然不清楚对欧洲经济来说，2011年会不会是“正常”的一年。比起2008年末至2009年的金融危机的风波，2010年更为混乱不堪。2010年对主权债务危机的处理，完全改变了欧洲危机的本质，改变了地区经济，暴露出欧洲货币联盟（EMU）管理和政策合作框架的不足。

主权债务危机的影响，在接下来的一段时间内会继续存在，尤其在区域分歧与欧洲在重新平衡世界经济所担任的角色方面，影响将更为深刻。不仅如此，对主权债务的担忧并没有消失，在接下来的几个月中仍将形成阴霾。2010年底的高通胀，引发外界对欧洲央行的担忧，增强了加息预期。国际货币基金组织最新展望，欧洲GDP增长率将从2010年的1.8%降到2011年的1.7%。从这些方面来看，尽管2011年会比2010年乐观，但是对欧洲来说，它却不可能是寻常的一年。

2011年的北欧形势相对乐观。北欧处在金融危机复苏阶段。德国是欧洲经济的火车头，主要受益于新兴市场经济国家的消费需求。德国仅对中国一国的出口2010年就增长了40%—60%，同时汽车销售创下新高。德国产出增长，尤其是制造业增长，对东欧供应链也发挥了积极作用。2010年11月份德国进口增长超过30%，刺激了包括波兰、捷克、斯洛伐克等国的工业产出。德国以出口为导向的经济增长仍将继续。

意大利、葡萄牙、西班牙的增长仍不稳定，2011年希腊经济预计会收缩2.6%，意大利公共债务规模占到GDP的118%。南欧国家的高失业率令人担忧——意大利和法国接近10%，葡萄牙11%，希腊超过12%，西班牙超过20%。相比较而言，德国的失业率从危机前的9%—10%下降至6.7%。

欧洲的通胀问题同样令人揪心。2010年12月的通胀率达到2.2%。尽管欧洲工资水平增长有限，而不断升高的能源和食品价格却催生了英国和希腊持续高通胀（英国和希腊2010年的平均通胀率分别为3.3%和4.7%）。2011年，受提高增值税导致的高物价影响，英国的通胀率将继续上升。欧洲加速通胀另一原因来自2010年春季的欧元贬值。这直接导致了四五月时能源价格的大幅上升。只有等到与汇率有关的能源价格增长势头结束，欧元区通胀才会降下来。

物价上涨的趋势让欧洲中央银行警戒不已，尤其在通胀率高于目标的情况之下。近期欧洲央行内部的鹰派人士指出，与美国较低的通胀率相比，欧元区通胀警报尚未解除，并建议2011年小幅提升利率。

在重新平衡世界经济的过程中，欧洲扮演的角色2011年或有改变。南欧经济的虚弱、欧元区经济再平衡、EMU固定汇率桎梏、部分EMU成员国结构性改革需求，所有这些都将加重外部调整的负担。接下来的一年中，外贸将是欧洲经济的主要推动力。为了平衡自身经济，欧洲现在必须着眼于出口导向的政策。

而上述改变很可能造成欧洲与美国关系紧张。如果自身状况不见好转，美国将更为关注本国经济。实际上，美国为世界经济提供增长的能力在弱化。过度强调制造和出口，保持对华汇率政策强硬，美国貌似越来越无力为世界经济贡献更多的增长。

欧洲、美国、中国的经济增长冲突在加剧。欧洲重在通过出口寻求再平衡，而不是依赖内部交易；美国计划扩大出口，来恢复经济平衡并制造就业机会；中国则继续以出口为主导拉动经济增长。

2011年，围绕汇率的国际摩擦仍将继续。美国国会对中国汇率政策的强硬立场显而易见。欧元区国家再度担忧它们在2011年中期的汇率，欧元兑美元能否重回1.5∶1—1.6∶1的水平。在世界贸易和资本流动层面，世界经济内部依赖性很强，而汇率被看作是最主要的调整机制。因此，为促进国家间的协作与执行机制，在汇率机制方面达成政策合作框架将是更为有效的方法。

欧洲的潜在产出一直处于下降通道。经济的温和增长压力，地区差异扩大化弥补，使得欧元区内的管理和政策合作比以往更迫切。2011年能看到这些变化吗？

陈志武　美国耶鲁大学、清华大学教授

主要观点

通胀万一失控的话，会对中国过去20年金融化、资本化的发展构成很大的威胁。资金会更大规模地流向看得见、摸得着的房地产和其他实物资产。

中国经济增长方式转型是严肃的必答题

未来的机遇与挑战激动人心。

过去的三十余年，中国经济持续稳定的高速增长创造了一个奇迹。然而，下一个三十年，过去我们所依赖的“中国模式”还能继续适应吗？需要如何转型？下一个十年如何避免落入中等发达国家陷阱？这是每一个真正关心中国长远发展的人都在思考的问题。

其实，如果放眼历史的长河，所谓的“中国模式”并不是新鲜事物。

现在中国政府的权力，在经济领域无所不入，在金融领域里面占绝对的控制地位，如果以此作为特点，那到历史上去找的话就太多了。19世纪后半期的德国是这样的，从某种意义上来说中国当时的洋务运动也是这样的，然后到20世纪的苏联当然走得更加极端，甚至20世纪三四十年代民国时期的中国经济也是这样的。到后来50年代、60年代、70年代的巴西也是如此。

那时候巴西政府利用行政的权力、国家的权力去控制那些新兴现代工业、金融行业，也通过“铁公基”这些基础设施使它的GDP增长很多。大概有15年、20年的时间巴西GDP也是按照8%—10%的速度在增长。

政府操控经济、控制资源或者直接通过国有制、公有制拥有资源，通过绝对的垄断和控制支配金融资源。从政府大规模征税等这些方面来看，在19世纪后半期和整个20世纪，不同国家都不同程度地这样做过。

然而值得警醒的事实是，几乎所有这样的国家最后都是以财政危机、金融危机或者经济危机来结束这样的发展。

很多人说现在的中国跟以前那些按照类似经济模式去实验过的国家不一

样，这一次不会有问题的，这可能是他们良好的愿望。不管是当年的巴西和德国，不管是苏联还是晚清和日本等试过这种做法的国家，当时都以为自己可以逃脱厄运，但事实上，没有哪个国家可以逃脱。

在这种背景下，未来中国经济增长模式转型的必要性已经成为各方共识。2010年9月，国家主席胡锦涛就明确提出了“包容性增长”。而实现包容性增长，有两个必要条件：首先要靠市场经济，其次要靠基于个人权利、法制和民主的体系。

根据中国自己的经历和其他国家的经历，如果以国家主导一切的方式来做的话，恰恰使得增长没有办法包容，连自由市场经济首先能够实现的那么大范围的包容性增长都没有办法实现。最后社会只能按照目前的政府主导一切的经济增长方式，使大多数人没有办法分享到更多的好处，只有小部分跟权力比较接近的人能得到更多的好处，但是更多的社会成员跟这些好处是没有办法搭上边的。

所以，从长远来看，中国经济的转型将是一个严肃的必答题，必须要往民间消费带动型增长方式转变。

当前的经济形势，不管从哪个角度来讲，都是一个非常关键的转折点。首先很明显的，金融危机之前，中国已经形成依赖出口、依赖投资的增长模式，出口市场的空间越来越小，金融危机把WTO红利消耗得差不多了，很多人说是人口红利，人口红利实际在相当程度上受益于WTO。

房地产和失控的地方政府基础设施建设可以称为中国的泡沫双雄，在这泡沫双雄中，如果其中一个出现大的问题，就可以把中国经济、金融体系和财政系统拖下水。

当然，另一个摆在眼前的挑战就是通货膨胀，通胀万一失控的话，会对中国过去20年金融化、资本化的发展构成很大的威胁。金融资产等任何以金融票据为基础的价值载体都会被人们遗弃，资金会更大规模地流向看得见、摸得着的房地产和其他实物资产。如果真如此，这可能会从根本上形成对经济增长的打击。

茅于轼　天则经济研究所所长、著名经济学家

主要观点

以后的人类社会必须继续依靠人权和市场，因为这能够解决资源稀缺问题，最大限度地满足人们对物质享受的要求。

市场制度改变了人类发展轨迹

中国改革成功，举世瞩目。在短短的30年中GDP增加了16倍，人均GDP增加了9倍。贫困人口比例从65%（1990）降低到16%（2008）。中国不再有饥饿的问题。于是，中国人用几千万买了小汽车，每年有一亿多人坐飞机旅行。中国消费全球46%的煤炭，差不多同样比例的铝和锌。中国生产的钢铁相当于美国、欧盟、日本加起来再加倍。

是什么原因造成了中国的改革成功？这个问题已经有许多文章作了论证。总结中国的经验非常重要，因为世界上还有不少贫困国家，它们亟待富裕起来。中国有自己的特点，那是别人学不了的。但是有没有共同的经验，可供别的国家学习呢？这值得我们认真去发现。

如果我们把眼光放远，看一看全人类近200年的发展史，就能看到这200年人类进步的飞跃。这和中国在过去30年中所取得的进步十分类似，都是在长期停滞后的突然飞跃。如果从人口和平均寿命两个指标来看人类的发展，显然，人口增加和寿命延长，其基础是财富的增长，或人们能够享受的物质条件的改善。所以探究人类发展大跃进的原因必须用经济学的知识来回答，也就是经济学的老问题：财富是如何生产的？

我认为财富的创造是靠劳动和交换，缺一不可。劳动创造物，交换使物尽其用。所谓的等价交换是错误的。既然等价何必交换？

经济学讲的资源配置就是物尽其用。财富增加的原因主要是交换，而不在增加物。有许多例子，物没变，只是配置的改变，财富就增加了。国际贸易就是例子。金融业创造财富也是，它们没有任何物的增减，但是改变了钱的配置。

没有生产劳动，只有配置改变，这样赚的钱是不是剥削？按照劳动价值论，这就是剥削。历史上反高利贷的理由就是这样的。它不承认改变配置就能创造财富。不劳而获必定是剥削。这种观念极大地阻碍了人类的财富创造，造成几千年的贫困。历来各国的指导性政策都是强调和重视农业，认为只有农业才创造财富，商业赚钱是剥削，商人被歧视，他们自己也说不清钱是怎么赚的，只好承认是剥削。

交换使各方获利，所以交换必定会自发地发生。但是交换没有能够发展成为一种制度。到了18世纪末，才慢慢有了市场制度。区别是平等自由的前提条件是否存在。人类进步到有组织的社会以来，一直是一个不平等、不自由的社会。掌权的统治者具有生杀予夺之权，普通的平民百姓连生命权也无保证。一个人能够享受多少物质，取决于他的社会地位或特权的大小。人们的努力瞄准在获取特权上。可是特权具有排他性，并不是每个人都能同时享有特权的。因此人与人争权夺利主宰了全部的社会关系。人的聪明才智都用在了互相斗争上，而不是用在财富的创造上。

市场规则正好相反，它建立在双赢的基础上。谁也无权用损人利己的方法获利。获利必须让别人也获利。这是交换的基本规则。为什么不能再用损人的办法利己？因为损人越来越困难，因为人权逐渐被确立。人的人身权、财产权得到法律保护，费劲去侵犯别人得利还不如自己努力创造财富。市场经济不但从交换中创造了财富，而且促进了分工和专业化，使得关于生产的知识得以迅速增加。自由平等导致市场经济，这个过程还会持续几十年，但也不会太久。

只要人们追求物质享受的动力还存在，社会必将向市场制度转移。更何况平等自由也符合人的天性。不平等、不自由的社会是一个不稳定的社会，它将向稳定的平等自由状态过渡。再过几十年，这个追求平等自由的过程结束，全世界都以平等自由为人际关系的基础，稳定的市场经济得以确立，人类高速发展的阶段也跟着结束。

过去的200多年是人类发展的一个特殊阶段。其特点是人权和市场的确立，表现为人口和寿命的大幅度增加。以后人类社会将进入缓慢发展期，人口和寿命只有缓慢的变化。以后的人类社会必须继续依靠人权和市场，因为这能够解决资源稀缺问题，最大限度地满足人们对物质享受的要求。所以说：市场万岁，价格万岁。

汪静波　诺亚（中国）财富管理中心总裁

主要观点

您的性格、思想和信念决定了您拥有财富的数量。

财富管理的魅力

在从事财富管理的这几年中，每当有人问我是做什么的，如果我回答“财富管理”，他们总会说：“喔，您是做投资的，最近股票行情怎么样呢？”

在我的心里，财富管理与投资，的确是两个不同的行业，涉及不同范畴的专业领域。专业投资是与专业会计师、律师相类似的职业，成为投资人需要您具备相关的专业知识与技能；而财富管理，是无论您从事什么行业，只要您拥有一定数量的财富就能实现的，不过这必须要建立自己的财富观念，其中虽然包括一些简单的投资判断能力，但自身设定的财富目标、对生活品质的要求等等，起到了决定性的作用。两者是两个范畴，但又相互联动。因此，即便是有一位优秀且值得信赖的理财师，您还需要评估理财师的价值观是否与您的理念吻合。

财富管理与单一的投资概念还有一个重要的不同，即财富管理注重的是总体最优，投资更注重每一步最优。投资是一门专业技术，而财富管理就好像是一个总体最优的策略，有时候为了保持从容的生活状态，不得不选择放弃一些好的投资（降低负债率），从长远的角度去看，目的是为了更好的生活，提高生活的品质。

有时候我会觉得，从事财富管理工作，有60%是理念沟通，20%是客户教育，投资产品的选择占20%。全球的高净值富人，70%以上的财富拥有是源于他们自身从事的行业，财富管理更应该帮助客户的是建立正确的财富观念，做好财富传承规划，让自己及家族在各种市场环境下，长期稳健获利。

从容地拥有“财富”，需要同时具备外在和内在的因素。外在的因素包括所学的知识、获得的学历，还有自己的财富规划等等，这些都是我们能够看到的；然而，如果内在因素不具备的话，就很难获得真正意义上的财富。也就是说，您的性格、思想和信念决定了您拥有财富的数量。

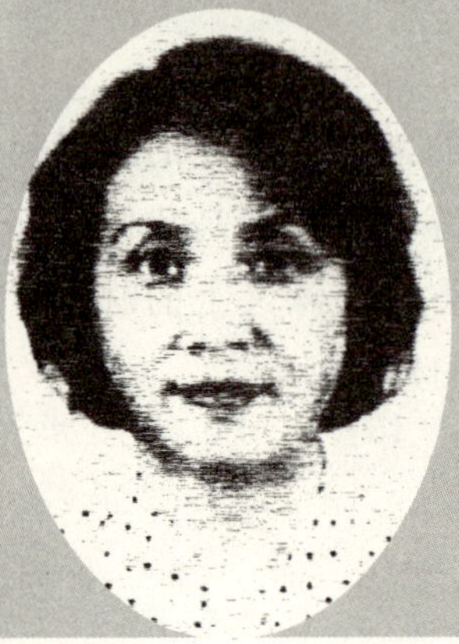

汪利娜　中国社会科学院经济所研究员

主要观点

我们认为，应当减少我国保障性住房的种类，大力发展公共租赁房，以公共租赁住房作为政府提供实物保障的主要方式。

住房保障需要新思路新举措

房价的快速上涨使住房保障问题成为人们关注的焦点。2011年国家虽推出兴建1000万套保障性住房的计划，但从以往保障性住房建设和实施中存在的诸多问题来看，住房保障缺少长远的大思路、有效的制度安排，需要重新思考和构建我国的住房保障制度。

一、澄清住房保障与住房市场的关系

住房保障是住房领域的社会保障，是政府为弥补市场“失灵”，通过运用经济、行政和法律手段，为保障满足居民的基本住房需求所作出的多种制度安排。住房保障和住房市场虽服务的对象不同、供给方式不同，各有其位，各有其功能，但也不是泾渭分明，互不关联。两者对立统一、相互转化或互为补充。

许多人认为“双轨制”是保障归保障，市场归市场。其实，两者表面上矛盾对立、分享资源与市场份额，但实则相辅相成。

首先，两者的目的是一致的，都是为了解决国民的“住有所居”的问题。

其次，两者是互为因果、互为补充的。因此，在推进住房保障中，抑制高房价、低密度的别墅、一户多套住房是中国现阶段或城市化没完结前的现实选择。

再次，两者的对立表现在资源的分离与分配上。在土地既定的情况下，高档房开发建设越多，中低价位商品房和保障性住房可占用的土地相对减少，因此，保障性住房与商品房两者不可顾此失彼，双轨并行，而不是分道扬镳，才能保障一个国家经济和社会发展的两个轮子安全、高效运行。

二、建立以公共租赁住房为核心的住房保障体系

目前，我国住房保障的实物供给主要可分为出售型和非出售型保障性住房供给。出售型保障性住房包括经济适用房和限价商品房；非出售型住房包括廉租房和公共租赁住房。

不过，鉴于经济适用房和限价房存在的诸多弊端，我们认为，应当减少我国保障性住房的种类，大力发展公共租赁房，以公共租赁住房作为政府提供实物保障的主要方式。这种方式不仅有利于实现保障性住房的循环利用，节约土地资源和公共资源，而且有利于住房市场的稳定。

三、完善和构建住房保障体系的具体措施

1．深化土地制度改革。土地具有资源、资产和资本三位一体的特殊性，使其成为抑制房价上涨过快、确保保障性住房的土地供给和开发建设的重中之重。土地制度改革必须从产权、交易、管理多个环节入手。

2．探索和开拓保障性住房建设的融资渠道和金融工具。在我国城市化尚未完成之时，以公共租赁住房作为住房保障实物供给的主要形式，其面临的最大问题就是资金问题。公共租赁住房建设具有资金需求量大、占用周期长等特点，仅仅依靠政府财政资金投入，或者其他单一方式都是无法满足其资金需求的。只有通过金融创新、体制创新和产品创新，才能以更多市场化方式为政府加快保障性住房建设融通长期低成本资金。

3．深化财税体制改革，增加其住房保障功能。在政府财力不断增强的情况下，政府应优化财政支出结构，健全监督机制（财政支出结构应经人大审批、向社会公开），以提高政府依法行政、合理行政的透明度。增强税收调节功能，积极推进对低密度高档住宅、第二套住宅开征房产税，将公共投资产生的外部效应——房产增值收回来。深化收入分配、住房制度改革，规

范公共人物的收入来源，建立官邸制，减少城镇住宅消费中的非市场化供给，从制度建设上抑制侈靡和腐败产生的变异性住房需求。

在中国转变经济发展方式中，政府应运用财政、金融、土地和税收政策鼓励和动员社会资金进入与民生相关的领域，特别是要细化公共租赁房“谁投资，谁受益”的政策，以吸引和鼓励更多的民营资本进入租赁房市场。着力解决国民关切的“住房难”、“就医难”、“出行难”、“上学难”的问题，以满足国民日益增长的物质精神文化的需求。这是国民经济发展的动力，也是其发展的目标。

郑永刚　杉杉投资控股有限公司董事局主席

主要观点

日本商社是没有实业的，靠的是人才、信息和资本；我们中国目前民营企业靠的还是“个人英雄”。团队合力，是日本商社的核心竞争力。

打造中国特色的商社

回顾之前的历程，我们最大的收获，还是来自锂电池材料产业的成长，展望未来，我们将继续努力。

十年前，杉杉开始涉足锂电池行业。我们是十年磨一剑，当然这里面有很多的辛酸苦辣。特别是前三年我们一直亏，因为当时这个产业还没有发展起来，我们靠的是不断的坚持。所以一个成功的企业，或者是一个成功的企业家最核心的是一定要坚持，这是我多年积累的经验。

现在的杉杉梦想在于两条：第一，我们必须要成为世界级的新能源锂电池综合材料供应商。第二，我们不会局限在手机和电动工具这样一个材料的品质上，而是要参与到汽车动力电池这一场未来新能源革命里面去。

我们原来是一个地方的国有小企业，后来从服装到科技，从科技到投资，现在投资的领域越来越广。我们在中国做科技开发区，现在就要形成新模式。投资可以多元化，因为我们民营企业不像中石化、中石油进行资源垄断，我们只能是资源化。

现在加工业大量转移到中西部，再过十年以后，中西部没有了土地资源就转移到柬埔寨，就不在中国了。同时，产业经营必须专业化，这是成功的重要因素。杉杉将来的经营模式是中国商社，日本五大商社占全日本经济的大概30%，所以我们要尝试我们的新模式。

日本商社是没有实业的，靠的是人才、信息和资本；我们中国目前民营企业靠的还是“个人英雄”。团队合力，是日本商社的核心竞争力；不过我们在借鉴日本伊藤忠商社模式的同时，要坚持走自己的路，要按照中国企业文化和中国现有的商业体制，打造中国自己的商社。我们正在尝试中。

第二部分

私募投资方向

- 新兴产业将跑出10年100倍的牛股
- 市场先生每天都在说话
- PE价格战不会持久
- 保增长、控通胀、调结构将交替并行
- 你应该投资于有品质的人而不是股价波动
- 投资需要“猫论”，不需要贴标签
- 长线向好的格局不变
- 二线蓝筹有个股机会

常士杉　世通资产管理有限公司董事长

主要观点

伟大的时代变革造就伟大的企业，伟大的企业造就10年100倍的超级牛股！

新兴产业将跑出10年100倍的牛股

中国已经进入一个引领全球发展的时代，一切都是那么让人热血沸腾，激情洋溢，不由想到那句“广阔天地，大有作为”！

2011年是“十二五”规划的启动之年，也是新兴产业进入实质启动发展的关键之年，资本市场的盛宴已经开启，我想与大家分享的主题是伟大的时代变革造就伟大的企业，伟大的企业造就10年100倍的超级牛股！

当下，中国经济正从传统的追求GDP、固定资产房地产投资、出口贸易，转型为拉动内需，发展七大新兴产业，寻求更具竞争力的新经济模式。一切犹如闪电，怎一个快字了得。四大支柱产业争奇斗艳，百花齐放，尽显姹紫嫣红的本色！新能源、新材料的时代列车风驰电掣向我们开来，其中的技术革新推动我们时代的进步，只能用“前不见古人，后不见来者”形容。

10年100倍的牛股就在春天里，就在这些颠覆传统、给力未来的新兴产业里，就在新兴产业里独具核心竞争力、成长性超强的龙头里。新兴产业必将很给力未来10年的中国资本市场，100倍的牛股黑马正昂首阔步向你我走来，用心聆听时代的最强音，用心思考行业的拐点，用心研究上市公司的发展思路，紧紧盯住上市公司的业绩，用成长的眼光，用超前的思维，用无限可能给予它们发展的空间，在合适的时点买进，然后随时观察它的发展，欣赏它的进步，宽容它成长中的阵痛，也许分享10年100倍的机会你我都有份。

伟大的时代革新造就伟大的企业，伟大的企业造就10年100倍的超级牛股，让我们一起期待！

陈 峰 深圳展博投资发展有限公司总经理

主要观点

市场先生每天都在说话，告诉我们应该买入哪些股票或者什么时候该卖掉股票了，但这些声音可能是隐秘和微弱的，需要我们细心地聆听。

市场先生每天都在说话

很荣幸与您分享展博投资对市场与投资的基本理解：市场唯变化不变；让市场告诉我们买入什么。

2010年做成长股投资似乎又开始得到广泛认同，但很不幸，2011年第一个月中旬，中小板指数已经跌掉了13%，2010年表现出众的电子指数和医药指数均跌了14%，当年的牛股现在跌幅超过20%的比比皆是，当然最后的结果会如何现在还不得而知。我们不得不再次感慨市场的变化真是很快。

过去能够令你取得成功的投资经验和规律在未来也许并不适用，而且经常会被打破甚至是彻底颠覆，这会给我们带来巨大的风险，风险来自我们对复杂性系统的认知缺陷和对突然发生的变化缺乏反应。

对于投资，仅仅认识并承认变化是不够的，还必须具备对变化作出快速应变的能力。让市场告诉我们买入什么，而不是我们告诉市场什么值得买。这是我们对投资的第二个核心理解。

我们想说的是，其实市场先生每天都在说话，告诉我们应该买入哪些股票或者什么时候该卖掉股票了，但这些声音可能是隐秘和微弱的，需要我们细心地聆听。而一旦你学习聆听市场的声音，你会发现只有市场告诉我们的建议才是最为客观和准确的。

站在下一个周期的起点，我们对中国资本市场的未来充满信心。毫无疑问，我们成长在一个转型和变革的时代。但我们认为中国经济作为一个庞大的经济体，经济结构转型的难度、代价和周期，可能会比投资者预期的更为复杂，但同时我们也坚信，新兴经济转型最终一定能取得实质性成功。

程厚博　深圳东方富海投资管理有限公司总裁

主要观点

PE机构的数量将会逐步减少、规模将逐渐增大，只有那些拥有清晰投资逻辑的、有良好品牌的PE机构才能获得更好的发展。

PE价格战不会持久

2010年，世界经济依然动荡不安，个别地区危机重重，但中国经济依然保持了高速增长的态势，并一举超越日本，成为世界第二大经济体。

虽然股市走势与我们的经济表现不甚匹配，但资本市场在中国仍然是一枝独秀，中国资本市场的融资额全球第一，中国的PE们大概也是全球最开心的一族。

在中国，PE除了享受企业成长带来的收益外，还能享受到中国资本市场特有的高市盈率带来的非常诱人的资本市场红利。由于一、二级市场之间存在可观的市盈率价差，只要投资的企业最终能够上市，PE最差也能实现较高的投资收益。

由于资本市场红利的存在，企业能否上市成了PE投资获利的关键。这也正是目前国内PE行业经常出现“围抢”Pre-IPO项目、“唯上市论英雄”的主要原因。如最近我们遇到一个项目，开价高达50倍市盈率以上，仍然有不少投资者愿意投资，这不得不让人感叹如今的PE很“疯狂”。

我认为，目前PE之间这种抢项目、打价格战的态势不会持续太久，中国PE行业不久将进入一个洗牌的过程。

之后，PE机构的数量将会逐步减少、规模将逐渐增大，只有那些拥有清晰投资逻辑的、有良好品牌的PE机构才能获得更好的发展。

PE机构对于行业的专注度会越来越高，对于这些行业，PE机构不仅拥有丰富的行业投资经验，也具备强大的行业资源整合能力。

韩跃峰　深圳市铭远投资顾问有限公司投资总监

主要观点

从政策方向上来看，保增长、控通胀、调结构将交替并行，我们把这个方向作为投资的主线，循着这个主线去寻找长期的投资标的。

保增长、控通胀、调结构将交替并行

2010年的证券市场是结构化格局，那么2011年是否仍会如此呢？市场有很多不同声音，这个主要源于对周期类股估值较低的困惑和对成长股的涨幅有些顾虑。

关于股票指数的问题，我们的经济体中主要的驱动力来源于投资，来源于资本的投入。那么在这么一个背景下，想有一个趋势性机会显然是困难的。同时，这些股票的低迷也较为充分地反映了大家对于这类行业的担忧，市场大幅度下跌的难度也是比较大的。

那么，如果我们从一个宏观的角度来看，我们的经济体面临着转型的选择，我们的市场构成将会在这未来的若干年潜移默化，这个是毋庸置疑的。

那么，在这个转型的时代中，应该怎么选择投资呢？对于我们而言，其实，每个年度选择的方向都是清晰而简单的，就是选择最有前景的行业中最有前景的企业，在一个不贵的价格买进，也就是巴菲特所说的最长坡。

2011年的经济形势是复杂和富有挑战的，复杂的背景其实也不断昭示着经济转型的必要性。市场的结构化变迁也一定意味着投资机会的涌现，市场在旧的市场主体的反弹和新的市场主体不断创新高的基础上，将酝酿新的市场结构。从政策方向上来看，保增长、控通胀、调结构将交替并行，我们把这个方向作为投资的主线，循着这个主线去寻找长期的投资标的。

我认为政府的政策还是会选择一个平衡，对于经济过度乐观和过度悲观，在目前都是不可取的。

李　鹏　广东瑞天投资管理有限公司投资总监

主要观点

您应该投资的是有品质的个人和组织，而不是经济的好坏和股价的波动。

你应该投资于有品质的人而不是股价波动

做投资大家都有不同的目标和追求，很多投资者都希望战胜指数或者跑赢市场，像公募基金则要跑赢相关的业绩比较基准或者在同行中业绩排名相对领先和靠前。但在瑞天，我们有自己的另类追求：瑞天投资追求的是基金净值的往下最低波动率，并实现可持续的增长。这是瑞天投资的风格，也是我们的特色。我们只会想方设法降低净值波动，锁定利润，让我们的净值曲线图尽可能平滑地向右上方移动，降低回撤率，减少大起大落，让持有我们基金的客户尽量少坐或不坐电梯或过山车。错过牛股我们不会觉得可惜，但基金净值出现大跌我们却不能容忍。

我们瑞天主要通过组合投资、不断优化资产配置和组合结构来降低净值波动，积极参与并分享经济转型大背景下的结构性投资机会，而非简单通过低仓位来降低波动。

瑞天团队有很清晰的自我定位，是因为有很强的勇气、前瞻性和执行力。我们会把风险看得比较重，追求真正意义上的绝对收益。

除了做独立的宏观研究和策略外，在具体的操作层面上，瑞天投资有很多“纪律”，例如平均仓位一般不超75%；对单一股票基本没有止损和止盈的操作，但对净值总体的波动有止损的策略。

总体仓位不重在市场上涨中可能会跑得慢些，但在系统性下跌的市场中可能也会相对比别人少跌一些，这是总量控制的原则，我们不会做得很激进。

最后给各位投资者一个建议：“您应该投资的是有品质的个人和组织，而不是经济的好坏和股价的波动。”（引自约翰·博格《品质为先》）

李　全　新华资产管理股份有限公司总裁

主要观点

投资从来没有标准模式，成功的投资只是在适当的时间做了正确的事而已。

投资需要“猫论”，不需要贴标签

经常被很多人问到我是属于什么投资流派，或是我是属于价值投资者，还是成长投资者，等等。我所能告诉大家的只是我哪一派都不是。

投资上我信仰的是务实的实用主义：什么投资方法有用，我就用什么。我不会将自己贴上某某投资派别的标签，或把自己划归于哪一个派别；我希望自己能够开放性思维，就像邓小平所说的：“不管白猫黑猫，抓到老鼠就是好猫。”不要因为将自己局限于某一理论而禁锢自己的思维和行动。

我理解的投资和相信的投资，它是一门艺术，而并非是一门科学，它并不是关于非对即错的一种模式；投资从来也没有标准模式，成功的投资只是在适当的时间做了正确的事而已。

“猫论”实际上反映了一种务实精神和进取精神，是对什么事动不动就要回到意识形态领域的一种反动。

放眼中国，正是因为这种务实精神，中国改革开放30年才取得了举世瞩目的惊人成就；反观世界，那些深陷意识形态教条的泥潭之中不能自拔的国家无不经历着金融危机所带来的痛苦。

投资亦然，不要因为你觉得是一个价值投资者就非得要完全排斥技术分析，它有时或经常能够帮助你检验你的基本面分析；当新股不败之时也不要觉得没什么技术含量，而非得要冒更大的风险去博二级市场的差价；那些永远不改变自己观点的所谓的专家都是徒有虚名，因为市场有涨必有落，永远的空头和多头，一直坚持下去，某个时候他们可能是对的，但这对我们这些务实的投资人来说没有任何意义。再重复强调一下，投资就是要在正确的时间做正确的事情，因为归根结底，务实的投资人并不在乎猫是什么颜色，抓到老鼠才更重要，提高赢利才是关键。

但不幸的是，虽然很多人经常陷入教条僵化主义的泥潭并带来严重后果，但还是很有市场。其关键点还是意识形态的东西有着极强的忽悠能力，它能让简单的事情瞬间变得复杂高深、有层次和高尚起来，经常还能成为打击竞争对手的大棒，但在这些高深、高尚和有层次的美丽包装掩盖下的往往是我们综合判断和运作能力的严重不足以及当出现严重后果时成为拒绝承担责任的挡箭牌。

股市的涨跌自有其原因，无论是整个大盘还是每只股票都有很多因素要考虑，在我们决定买入或卖出时，通常都要对很多主观的或客观的因素进行分析，但要从数以千计的上市公司中筛选出最有可能保持高成长和提升股票内在价值的公司，依然是一项非常艰巨的任务。

一个人做投资的时间越长，就会越来越深刻地认识到综合判断能力的重要性，认识到坚持主见的重要性，认识到尊重市场的重要性，少犯错误和及时改正错误的重要性。在国际国内经济形势瞬息万变的今天，必须保持开放思维，坚持独立思考。只有根据不断变化的市场与时俱进，才能在市场中生存和发展。

愿投资者能根据棋局盘盘新的理念，本着务实精神，认真倾听市场的声音，不要管你猫的颜色，而要找到能够捉到老鼠的猫，成功投资，达到经济自由的彼岸。

吕　俊　从容投资管理有限公司董事长

主要观点

经济增长最有活力和希望的部分仍然在于科技、装备制造、新能源、消费、医疗保健等领域。因此，这些领域的品种回调就是买入机会。

长线向好的格局不变

2011年是中国证券市场发展20周年。股市从一个新生婴儿逐渐发展到现在具备"多层次"、"能满足多样化投融资需求"的市场，市值已至全球第三，发展势头喜人，机构投资者进一步发展壮大，为股市投资创造了良好的环境和氛围。

作为多层次资本市场主体的一部分，上海从容投资管理有限公司成立3年多来也取得了长足的发展，特别是在2010年，我们成功完成了在工业科技、大消费和医药这三大行业领域的战略性人才布局，投研团队实力得到了空前的增强。现在从容投资已有5位非常资深的核心投资决策人，建立了专门的行业研究小组团队。我们相信，随着中国经济结构的转型，国家"十二五"规划对新兴产业的大力扶植和投入，相关的产业投资潜力巨大。事实上我们的布局也迅速取得了初步的成效，2010年度发行的国内首只行业型产品——从容医疗1期信托，取得了93.4%的年化收益率，在同类所有阳光私募产品中排名第一。

在经营策略方面，公司采取稳健经营的方针，不冒进发展，不刻意追求管理资产规模，注重控制经营风险。坚持人才（people）、业绩（performance）、赢利（profit）的原则。即先有人才，再为客户贡献业绩回报，之后企业获取赢利。在业绩优异的前提下扩大团队，形成良性循环。

展望后市，我们认为，通胀压力、地产调控、物价调控等紧缩预期与股市供求关系失衡等因素仍将制约市场信心。2011年A股市场面临经济回稳、业绩增速放缓、流动性下降、产业转型四大变量的综合影响，预计全年的市场风格将趋于均衡，总体下跌空间比较有限，长线向好格局不变。

目前我国正处于经济转型关键期，经济增速维持较高增长，出口受益于海外需求，也在逐步复苏，通胀压力成为当前政策关注的首要问题，预计今后的货币政策将转向稳健，财政政策将趋向积极，而调结构重点在于：产业结构、收入分配、区域协调。因此中长期依然看好新兴产业、消费服务以及具备国际竞争力的先进制造行业。回避受流动性驱动和受美元指数影响较大的资源类品种以及投资品、资产类股票。

短期来看，消费、医疗、新兴产业等非周期类个股在2010年的累积升幅已较可观，暂时有个消化的过程。大盘蓝筹公司，传统产业估值过低，有些行业经过整合，行业定价权有所恢复，孕育着一些阶段性机会。但是总体而言，经济增长最有活力和希望的部分仍然在于科技、装备制造、新能源、消费、医疗保健等领域。因此，这些领域的品种回调就是买入机会。应该坚持大方向不动摇，一定能取得比较满意的回报。

罗伟广
广州新价值投资有限公司投资决策委员会主席

主要观点

外资流入、内资过剩导致资金推动上涨格局主线不变，行情方向和特点不变。

二线蓝筹有个股机会

现在的中国有钱人有个钱太多的烦恼——缺乏投资渠道。他们过去10年做实业加炒楼赚了很多钱，但现在楼市高处不胜寒，挤出了很多国内游资，实业开始不好做了，转型升级对很多中年企业家来说不容易，导致实业也挤出了很多过剩的资金，而过去几年货币超发导致银行系统也资金过剩，老百姓的存款搬家被通胀和负利率推动着，外资还加速流入凑热闹。5种钱叠加在一起，导致现在中国处于史上最牛的流动性过剩阶段，央行不大规模加息就很难完全对冲掉。这导致了一系列资产泡沫问题。其中住宅地产最严重。

日本20世纪70年代经历过类似中国现在资本过剩、经济结构转型并启动内需和新兴产业的历史阶段。如果日本的过去预示着中国的未来，则可以得出中国未来10年“炒楼不如炒铺，炒铺不如炒股”的投资原则，住宅一般，商业地产更好，而股权投资的黄金时代其实就是当前。

经济青黄不接，股市进入资金推动和主题投资阶段

世界变了，美日欧倒下，中国崛起，全球资金流入中国。经济变了，新兴产业中小公司百花齐放。股市也变了—— 回到1999年的资金推动和主题投资时代。

中国股市每一次牛市的主线都不同。1996—2001年经济青黄不接：银行系统超发货币、房地产市场还没有形成、过剩的资金涌入股市，但上市公司业绩差，资金推动加主题投资成为主流，个股潮流是炒小盘科技重组，偶像是庄家德隆，但5年牛市的结果是庄家崩盘和科技泡沫破裂。

吸取投机泡沫破裂的教训，2003—2007年股市主线转型到价值投资。历史背景是出口、房地产两个引擎带动中国经济起飞，国民富裕、第一次产业升级，重化工业、资源类和房地产借估值和成长成为主流。股市也产生了五朵金花，市场潮流是炒大盘蓝筹估值溢价，这阶段偶像是主张价值投资的巴菲特。最终经济和股市坐了一次过山车，2008年全球经济景气周期结束，价值投资和长期持股的泡沫也随之破裂。

中国股民再次痛定思痛，从2009年开始返回去做成长性投资和波段操作。

2009年后，地产、出口、钢铁、化工等传统行业贡献下降，消费和新兴产业短期未能接班带动经济继续高速增长。未来几年经济转型青黄不接，重复1996—2002年的不温不火等待新经济增长点的历史阶段，并同样出现了资金过剩现象，上述的5种钱都缺乏出路，股市就是一个吸引它们的大池子，它们已经或者正在涌入这个池子。但这次牛市为什么是结构性呢？为什么又轮换炒小盘科技呢？因为经济不好，传统行业业绩难有大幅增长，价值投资没有业绩和成长性支撑，过剩的流动性只能通过主题投资来营造炒作氛围。可见，只要经济不温不火、行业结构性转型、资金过剩等三个条件不变，股市当前这种主题投资、中小市值个股主导的格局就会一直持续好几年，重演1999年的历史而已。

未来半年如何看——资金面不坏，市场就不差

近期通胀失控风险引发紧缩担忧是大盘回调至2750点的主要因素，但从中期看通胀不会失控。农产品和工资上涨导致的成本推动是本轮通胀主因，但它有利于收入结构调整和启动内需，货币超发是阶段性因素，所以这次通胀有合理和良性通胀的成分，从而央行不会采取大规模加息和紧缩来牺牲经济，而倾向于利用数量工具来对冲超发的货币，并提高通胀容忍度。央行投鼠忌器，从而不能对冲掉房地产热钱和存款搬家的内资，以及叠加外资流入的过剩资金。相对于其他“金砖”三国的高通胀和大力紧缩，以及美日欧的通缩和大印钞票，它们都走牛市，我们股市不可能单独走熊市。总之，外资流入、内资过剩导致资金推动上涨格局主线不变，行情方向和特点不变。

2009年押仓位，2010年押风格，2011年押个股。医药、消费、新兴产业等短期涨幅太大有阶段性大风险，银行、地产、钢铁有硬伤大涨时机未到，但化工、铁路等二线蓝筹有个股机会。近期应重点布局2011年有望成为新兴产业范畴和新热点的补涨股，虽然短期吃亏一些，但是进可攻退可守。

孟 扬 华润深国投信托有限公司总裁

主要观点

投资者如何打造自己的投资组合，既能战胜通胀，又能控制下行风险？很显然，跨市场进行专家组合投资才能在真正分散风险的同时赚取高额回报。

让你的资产更加智慧

次贷危机余波未散， 中国经济将继续面对巨大的挑战。在经历了2009年的快速反弹后，西方主要经济体的复苏势头已经放缓。美国官方失业率一直在9.5%徘徊不下；日本公共债务相对于GDP的水平在发达市场经济体中是最高的，其老龄化程度也是最高的，这严重限制了日本政府的经济刺激的力度和效果；欧盟部分国家则深陷主权信用危机的泥潭。持续的经济衰退导致欧盟国家的财政能力日益衰弱，一场主权版的次贷危机会不会在欧盟中实力较弱的那几个国家开始，确实很难预料。这对中国经济的外部环境造成很大的不确定性。

为了维护经济健康成长的大环境和社会稳定，持续提高利率，逐渐消除目前的负利率状态，是一个无法回避的任务。但是这将对人民币汇率和实体经济产生一定的负面影响。与房产相关的税收政策也是当前的热议话题，但是政策尚不明朗。在这样复杂的环境下，投资的难度显然加大了。

投资者如何打造自己的投资组合，既能战胜通胀，又能控制下行风险？很显然，跨市场进行专家组合投资才能在真正分散风险的同时赚取高额回报。

华润信托针对高端投资者的低风险投资需求，利用信托平台发挥类货币市场基金的投资功能，持续开发了具有较高流动性和稳定收益的固定收益类信托理财产品。信托资金主要投资于：为融资方提供足值担保的情况下，向上市公司限售股股东、优质房地产企业及其他资信优良的企业等融资方发放信托贷款等；具备稳定收益型资产的资产包；各种低风险、高流动性的金融产品；投资于风险较低、收益稳健的可分离式转换债券、新股申购等。华润信托还积极参与PE产品的设计与发行，投资于优质未上市企业股权。投资者可以灵活选择参与的方式，既能控制风险，又能分享中国经济成长的丰厚收益。

莫泰山　上海重阳投资管理有限公司总经理

主要观点

通胀失控的威胁不会持续全年，而能够适应经济转型、拥有核心竞争力的优势企业，将为我们带来可观的回报。

18倍市盈率开局，寻找优势企业

2011年是“十二五”规划的开局之年，而我国经济实际上在2010年就已进入新一轮增长周期。随着转变经济发展方式的实质推动，这一轮周期将会呈现出一些新的特征。面对外部经济体的增长放缓，本轮周期将更多由内需驱动；面对劳动力成本的上升、环境资源的约束，本轮周期将更加强调精细管理、成本节约、产业升级和技术创新。当然，要完成这一重要的转型，需要更加完善的市场经济体制来支持，而其中最为核心的部分是功能更加健全的资本市场。我们有理由相信，刚刚度过20岁生日的资本市场，将在推动中国经济的产业升级和结构调整、转变经济发展方式方面发挥重要作用。与此同时，和转型相关的生动故事将在资本市场上不断上演。在未来的一段时间内，我们将会在资本市场中看到，部分无法适应转型的上市公司会归于平庸甚至陨落，而受益于内需的驱动，注重管理、强调品牌、精于渠道、拥有技术和善于创新的优势上市公司，终会脱颖而出，成为赢家。而它们，也将是未来一段时间内我们需要耐心寻找的投资标的。

如果中国经济在未来五年平均每年增长7.5%，人民币每年升值1%，2015年我们的人均GDP将有望达到7000美元，较2009年的水平增长近一倍。而根据瑞士信贷的预测，中国的家庭财富总量将在2015年达到34.8万亿美元，较2010年增长111%。目前，储蓄存款和以房地产为代表的非金融资产是我国居民财富的主要存在形式，而股票、基金等金融资产在居民财富中的占比明显偏低，不仅低于主要发达国家的平均水平，相较我国2005年的水平亦有较大幅度下降。这和过去五年我国房地产价格持续上升、股票市场跌宕起伏后终归表现平平有关。而我们相信，随着时间的推移，这一配置比例会趋于均衡。随着居民财富的总量增长和配置结构优化，那些经济转型中的赢家，那些优势企业，由于可以提供可持续的稳定回报，必将为越来越多的人所愿意长期持有，耐心珍藏。因此，用一个长一点的时间纬度来预测，2011年我们或许会迎来历史性的机会，因为我们有机会寻找到那些能够适应转型的未来赢家和优势企业，并可能以一个合理甚至是低估的价格来买入，我们隐约地感到，在未来的某个时候，这些企业可能会凸显它们的稀缺性而备受追捧。

2010年，上证指数于2808.08点收官，2011年，它以大约18倍的市盈率开局。在一个经济上行的周期，我们或许面临的是难得的良好开端。尽管货币政策回归稳健常态，尽管通胀威胁并未消除，但我们倾向于认为通胀失控的威胁不会持续全年，而能够适应经济转型、拥有核心竞争力的优势企业，将为我们带来可观的回报。

“追求成功的执著，来自信仰的驱动”，我们一直坚持着价值投资的信仰，执著地追求把为客户管理和累积财富的工作做得更好。

王丹枫　上海睿信投资管理有限公司总经理

主要观点

资源的国内市场化与国际再平衡，这二者在时间上的同步有可能形成共振，而国内收入分配的再调整又会带来需求的增加和成本的提高，这更是会加剧相关价格的波动。

国内与国际再平衡共振

越来越多的人认识到以中国、印度为代表的新兴国家整体崛起应是这个世纪最重大的事件之一。这些新兴国家的崛起与发达国家的相对衰落必然会带来全球政治经济以及军事力量的失衡和再平衡，而在失衡和再平衡的过程中又必然会造成动荡和结构性的变化。这有如地理上印度洋板块与亚欧板块碰撞挤压形成世界最高的喜马拉雅山，而亚欧板块与太平洋板块碰撞挤压又形成世界最深的马里亚纳海沟。不过这一事件的影响过于宏大和深远，处于事件中的我们不可能如先知般得出全面准确具体的预见，但作为基金管理专业人士，对于这一影响我们命运的洪流，确有必要在经济领域作一些大胆的假说，同时密切观察，小心求证，不断纠错。

中国是经济转型国家，从原先的计划经济逐步向市场经济转变，但现在仍遗留着不少计划经济的部分，因此除了上述的国际间再平衡问题外，中国还面临着严重的内部再平衡问题。这主要表现在基础资源的市场化以及收入分配的调整上。资源的国内市场化与国际再平衡，这二者在时间上的同步有可能形成共振，而国内收入分配的再调整又会带来需求的增加和成本的提高，这更是会加剧相关价格的波动。

资本的国内价格（利率）方面，由于经济发展的四要素（资本、资源土地、技术、人力）中国家对资本的数量和价格具有最大的决定权，因此在资源、人力价格刚性上涨，技术进步难度大、速度慢的情况下，国家自然希望保持资本价格的相对低位和数量上的充裕，以减缓经济总成本的上涨和刺激投资，当然前提是通胀造成的痛苦和风险要小于刺激投资所产生的愉悦和收益。

面对这样的历史洪流，作为专业的基金管理人士，我们必须认清形势，因势利导，趋利避害。我们的机会蕴于斯，我们的风险蕴于斯，最终我们的命运蕴于斯。

夏　宁　上海精熙投资管理有限公司总经理

主要观点

最佳买点往往在恐慌之中产生。在泡沫破灭前离开市场，最佳卖点就在疯狂之中出现。

投资有时简单得像方程式

2010年精熙投资很荣幸地被朝阳永续评为“十佳投资顾问”之一，这是继2009年度中国最佳私募基金“年度新锐奖”之后，我公司被广大投资者再次认可。2011年1月，我们成功发行了精熙3期，在市场信心匮乏之际，该产品依然得到了投资者的追捧，使我们倍感欣慰，我们也深切感受到了责任和压力。投资者的信托责任对我们而言是生存发展的根本。

精熙所理解的信托责任应该解释为：在保证客户资金安全的情况下，追求相对高的绝对收益。当今世界经济现象变幻莫测，只有透视事物的本质，顺势而为，才能保证资金安全，只有抓住了事物的根本矛盾，才能追求相对高的收益。作为草根私募，我们的成长必须是一步一个脚印的。

我们精熙1期产品在2009年为投资者创造超过120%的回报之后，2010年又取得了35%的收益。

那么2011年，什么才是本质和矛盾？流动性依然趋紧，新股破发，蓝筹股估值偏低，中美经济关系更加紧密……也许这并没有4万亿元的真枪实弹那样给力，但中美经济的深入合作乃是双方利益最大化的选择，更少的贸易壁垒、更多的就业能帮助中美两国尽快走出金融危机的阴影，促进经贸发展，是更为长远的利益；另外国家大力调控房地产，那么谁来拉动GDP？这些问题精熙投资团队的每位成员每天都在关注着、思考着，有了自己的投资逻辑和理念，得出结论并不会太困难。

在操作策略上，大多数人都觉得投资是件复杂的事，但有时它简单得就像是方程式。不要被表象所左右，坚持真理的前提是找到合适的买点，而最佳买点往往在恐慌之中产生。在泡沫破灭前离开市场，最佳卖点就在疯狂之中出现。买、卖、仓位控制，三者的组合策略有时比基本面分析更为关键。

杨文斌　好买投资顾问公司总经理

主要观点

从经济周期看，今后几年中国经济都将处于结构转型期，经济增速会下降，但经济质量却在逐渐提升。

绝对收益很重要

2010年股市或喜或悲，莫衷一是，但都已翻过。在对市场盖棺论定之时，相对于2007年的大牛、2008年的巨熊甚至是2009年的小牛等那些典型的市况，2010年的股市只能归为“非典”状态。因为从主板指数看，上证综指和沪深300指数的跌幅都超过10%，在全球主要的证券市场中表现居后，但中小板指数却上涨了28.38%，并创了2007年以来的新高。其实，所谓的非典型状态就是一种常态，或许在经历了前几年市场的大起大落后，许多投资者对常态化的市场反而觉得陌生了，显得有些不适应。

展望2011年，我认为市场仍然会延续常态化的震荡，但相对于2010年，今年投资者可操作的机会和空间可能会更少些。2010年是指数不幸个股幸，市场上多数个股是上涨的，黑马之多、概念之多，A股历史上恐无出其右者了。但当各类热点渐渐消退或高处不胜寒之时，投资者提及当前市场时最常用的词就仅剩下“纠结”和“迷茫”了。事实上，2011年在指数层面未必会比2010年差，但市场会显得更均衡，热点和焦点可能转换快但并不太显著，总之，可能会比2010年更无特征、更常态化。

2011年对投资者来说会是一个考验，大家可能要熬过一段沉闷并略显寒冷的日子。但我认为短期无特征可能正是在孕育一个更大的特征，大音希声，大象无形。从经济周期看，今后几年中国经济都将处于结构转型期，经济增速将会下降，但经济质量将逐渐提升。我对转型成功是充满信心的，我想所谓的“大象”就是指转型的力量和机会。

再回到2011年的股市，面对无形的大象和大家正在煎熬中的寒冬，我的寄语是信心、谨慎和心态。信心来自对民族复兴的信念，转型是中国经济继续健康发展的唯一出路；谨慎是能笑到最后的前提，在纠结和迷雾中前行，谨慎是很好的甲胄；良好的投资心态在2011年非常重要，投资者不应沉浸于过去市场的大起大落，要多把握确定性，绝对收益在2011年会有不同寻常的意义。

张　高　上海鼎锋资产管理有限公司总经理

主要观点

“人人皆有智慧，吾心不动，随机而行”，如何开启心智之门，冷静客观地洞悉市场，知行合一地去实践投资哲学和逻辑是永无止境的修炼。

知行合一，以增长穿越牛熊

2010年最为显著的市场特征是结构分化严重，尽管沪深300指数下跌了12.5%，但中小板综指涨幅达到了28.38%，全市场62%的个股上涨，不过公募基金和阳光私募的整体业绩并不理想，私募基金取得6.33%的平均收益，略超过公募股票型3.50%的平均收益。

鼎锋资产在2010年得到了快速发展，公司运行的公开产品已达到10只，产品均实现正收益。回顾过去，鼎锋取得良好业绩的核心在于两点：一是心态，二是选股能力。

在这样一个波动剧烈的市场，心态的稳定尤为重要，国内外投资大师的共同特点都是：具备强大的心理优势，不仅能克服贪婪和恐惧等一般投资人的共同心理缺陷，更能以逆向投资的方式利用一般投资人的心理波动所产生的定价错误获取超额收益。知易行难，我们高度重视构建这一心理优势，并从中国传统文化中吸取营养，其中“阳明心学”对我们的投资哲学颇有启迪，“人人皆有智慧，吾心不动，随机而行”，如何开启心智之门，冷静客观地洞悉市场，知行合一地去实践投资哲学和逻辑是永无止境的修炼。

另一方面，鼎锋高度重视选股能力的构建。我们坚信：增长可以穿越牛熊，无论是周期股还是成长股，如果它能持续或阶段性增长，从中长期看，股价必然会反映基本面。对于增长型的公司，我们通常从两个维度进行评判，一是行业属性，二是商业属性。从某种角度看，选股和选老公有很大的相似之处，行业属性就是他从事的职业，商业属性就是他的综合素质。

展望未来，我们判断赚钱的难度比之前要大。未来的市场机会来自：一是跌出来的机会，二是超预期增长的机会。把握这两种机会无疑对投资人提出了更高的要求。

郑伟鹤　深圳市同创伟业创业投资有限公司董事长

主要观点

未来十年是中国经济转型、结构优化、科技腾飞的十年，是创业者的天堂，是各类投资家的梦想剧场。

盛世中国为创业者带来伟大机遇

中国资本市场近些年的发展为创业投资带来前所未有的机遇。

从上市企业来看，过去在中国中小板上市的企业一年不到100家，而在2010年国内上市的企业数量达到347家，加上在海外市场上市的，共476家中国企业上市。

2000年中国的GDP为1万亿美元，2010年GDP是5万亿美元，中国超过日本位居世界第二。

但是中国如果想超越美国，成为头号强国，差距不仅仅表现在GDP上，而且体现在创新与创业上；美国是一个创业的国度，有纳斯达克，有纽交所，有完善的资本市场，有风险投资，有很多像乔布斯一样的创业家。

乐观地讲：21世纪是中国的世纪，中国的盛世也许刚刚开始。

未来十年是中国经济转型、结构优化、科技腾飞的十年，是创业者的天堂，是各类投资家的梦想剧场。

中国一直是一个存在巨大潜力的创业舞台，有一本名为《创业的国度：以色列经济奇迹的启示》的书讲述了以色列这个仅有710万人口、笼罩着战争阴影的国家，产生的新兴公司数量却超过了日本、中国、英国、印度等大国，是除美国之外在纳斯达克拥有上市公司最多的国家，创业改变了以色列的命运。

如此看来，中国具备了成为创业国度的人文因素和制度基础，创业板的推出又点燃了所有创业者的热情，如果拥有13亿人口的中国成为一个创业的国度，它创造的未来一定是人类史上的奇迹。

正如巴菲特所言：看好中国是看好中国人的潜力和创造力。应该说巴菲特是盛世美国的产物，本人也同样看好盛世中国给创业者带来的机遇，给投资人带来的回报。

创业投资，与二级市场的被动投资不同，投资人可以真正参与到企业中，帮助企业实现它的价值，对企业应该“将心注入”一直是我们强调的投资理念。

有时候，投资人的增值服务对企业的帮助甚至会远大于当初对它资金的注入；在企业发展遇到瓶颈的时候，投资人适时出现会给企业带来莫大的鼓励及支持。

比起退出后的回报，我们更看重的是能够与优秀的团队合作，对整个行业的发展乃至产业的结构调整起到重要的作用。

中国未来的机会来自创业，来自创新，来自人的潜力的充分开发。

看好中国，看好中国人的勤奋努力和学习能力，也看好中国的制度稳定和文化的内在强大生命力。

我们处在五千年的一个最好的年代，不要辜负你的每一年，每一天，每一寸光阴。

郑晓军　广州长金投资管理有限公司总裁

主要观点

是泡沫终将被刺破，是价值终将被承认，这是市场的不二法则。

“价值的盛宴”永不落幕

与往年相比，2010年的冬天尤其寒冷。对投资者来说，寒冷的不仅仅是天气，还有股市。回顾中国股市过去5年的走势，用“诡异莫测”来形容丝毫不为过。一方面，主要由权重股组成的超大盘指数，2010年全年下跌26.76%。另一方面，以中小板和创业板为代表的中小市值板块，股价表现则风生水起，红红火火，中小板综指和创业板指数双双创出新高。

在当下的市场格局中，似乎很难找到“优质且便宜”的股票。面对此种情况，我们可从如下三方面进行理解：

一、对估值体系的认识。所谓估值，便是为股票定价。股价的高低与两种因素有关，一是上市公司未来的赢利能力，二是贴现因子（泛指社会资金的平均成本）。因为市场是由投资者组成的，投资者是受情绪控制的，而情绪又是容易变化的。这就意味着，短期内的股价表现往往会偏离其内在价值。在牛市的末端，可能大多数股票被高估。在熊市的末端，可能大多数股票被低估。而在震荡市中，可能部分股票被高估，部分股票被低估，2010年的市场或许便是此种情形。

二、价值回归的必然性。投资的常识告诉我们，高估值合理的前提是上市公司持续的高成长，假如失去该项前提，高估值便是泡沫。以2010年的中小板和创业板为例，尽管其中少数个股具备持续高成长的潜力，但这并不能成为整个板块享有高估值的理由，毕竟多数股票缺乏持续的高成长性。

三、真理永不褪色。证券市场已有400年的历史，在各种投资思潮演变的过程中，价值投资理论脱颖而出。在过去近百年的实践中，无论是成熟的证券市场，还是新兴的证券市场，价值投资理论无一例外地得到实践的证实，持续为投资者带来超额的投资收益，并涌现出许多像费舍尔·费雪、沃伦·巴菲特等这样的投资大师。

是泡沫终将被刺破，是价值终将被承认，这是市场的不二法则。

周水江　广东西域投资管理有限公司董事长

主要观点

首先，做投资要独立，做事要和谐，才是长久之道。其次，投资要提前布局，并深入调研看好的标的。最后，投资要及时止盈，好股不止损，不要追逐热点。

大机会应该在2012年

中国资本市场走过20年风雨历程，跌宕起伏，我自己的投资历程基本跟随中国股市的发展。一直以来，我在思考一个问题，就是什么样的投资理念适合在中国土壤发展？是巴菲特的价值投资还是索罗斯的机会主义？以我20年的投资经验来看，要做有中国特色的投资者，用中国几千年的儒家文化精髓作为投资哲学，来指导我们的投资操作，去适应我们目前的市场。

首先，做投资要独立，做事要和谐，才是长久之道。

投资最为重要的是要做到独立思考，不追求热点。

和谐——中国儒家文化精髓，也是我秉持的为人处世之道。这种心态在投资过程中非常重要，在行情纠结时，以一种平和的心境或平常的心态去面对。

其次，投资要提前布局，并深入调研看好的标的。

投资要有超前的眼光，而不是去炒冷饭，这一点很重要。根据未来经济趋势、政策走向，提前研究，提前准备，争取市场先机。我们这个市场对宏观政策和消息面反应敏感，你只有具备超前的思维，才是制胜之道。

另一个投资成功的关键，在于坚持长期、持续、深入地跟踪和调研企业。

最后，投资要及时止盈，好股不止损，不要追逐热点。

我的操作策略是人舍我取，不喜欢追热点。以不短于半年的思路选股，但如果所选的股票一个月内就涨了50%以上，那肯定就会止盈。

我觉得2011年可能会比2010年更为复杂，整体市场可能是前低后高，大的投资机会在2012年。我们看好新兴产业、大消费、区域概念以及一些有特质的公司的中长期机会。

资本市场的魅力就在于它的不确定性，但我相信中国经济总体持续向好，还在高速向前发展，因此中国资本市场还存在巨大的机会和空间。

第三部分

期货投资箴言

- “滞胀分离”投资机会
- 对冲将开创理财奇迹
- 风险管理贯穿经济活动
- 期货业的春天正在到来
- 投资股指期货的箴言
- 做期货是一件开心的事

肖　成　广发期货有限公司总经理

主要观点

当前“滞胀分离”的经济状况仍有进一步向“全球性通胀”转化的趋势。

“滞胀分离”投资机会

我曾经阐述过“可以基于简化论的经济分析方法，将商品市场走势主导因素归结为政府有形之手和市场无形之手两类”。

展望未来的经济形势，我个人认为以上简化分析模式仍然具有解释力，不过需要加入经济发展新特征，个人将其概括为四个字——“滞胀分离”。

当前“滞胀分离”的状况会很快得到改善吗？答案是否定的。

一方面，与上一轮（2007年）通胀不同，中国目前所面临的并不是需求拉动型通胀，而是成本推进型与输入型通胀。宏观紧缩政策不能解决原材料短缺问题，不能解决农产品价格上涨问题，也不能把劳动力价格上升的问题消除掉。

另一方面，发达经济体普遍采取定量宽松政策，所进行的货币大量供给不过是给经济发动机注入“蒸汽”或者“燃料”，而能否真正驱动经济前行还须看货币能否转化成资产、存货、资本性支出、房地产建造等实际经济产出。

一是，金融属性较强的期货品种上涨或优于金融属性较弱的品种。

二是，期货市场“外强内弱”的状态仍将持续。与美国、欧盟发达国家依旧执著于通过泛起资产泡沫来驱动实体经济增长的做法相反，中国政府正在积极运用诸如增加农产品供应、加大抛储力度、扩大期货合约价值量等方式打压期货价格过快上涨。与此同时，目前国内的产能过剩现象比金融危机前更为严重，从而决定了国内商品期货的表现可能要弱于境外商品期货。

三是，商品期货表现将继续优于股指期货。“投资时钟”理论显示，通胀环境下大宗商品的表现普遍好于股市。

最后需要指出的是，当前“滞胀分离”的经济状况仍有进一步向“全球性通胀”转化的趋势。

袁小文　华泰长城期货有限公司总裁

主要观点

新一代"懂期货、会对冲"的投资者将引领市场新潮流，开创理财新奇迹。

对冲将开创理财奇迹

2010年，世界经济以"抱团取暖"开局，以"汇率战争"收官。在动荡纷争的国际背景下，中国期货行业如东方一抹晨曦，翻开了历史性的新篇章——市场规模快速扩张，全年共成交合约31亿手，成交金额308.67万亿元，同比分别增长45%和136%。股指期货顺利推出，期股两市从此血脉相连。股指期货平稳运行，8个多月成交9126万手；累计成交金额81万亿元，顺利实现八次现金交割。全年没有一例穿仓发生，创造了金融衍生品市场的时代奇迹。

2010年，是中国证券和期货市场真正意义上的"行业创新年"。在两市迎来20岁生日之际，中央一号文件提出："加快发展农产品期货市场。"中共中央"十二五"规划建议："稳步发展期货市场。"商品期货首次纳入基金专户产品投资范围，期货保税交割业务启动，标志中国期货正稳步跨入崭新的转型发展阶段。中国期货市场在20年的时间里，跨越了西方期货市场100多年的发展历程，明显呈现出稳健型、跳跃式的发展态势。

展望未来，国际国内政治、经济和金融形势复杂多变，政策调控两难。一方面，全球经济继续呈现恢复性增长，中国经济领先世界、持续向好的趋势没有改变；另一方面，债务危机阴云笼罩，经济二次探底阴霾不散，国内通胀预期的压力犹存，"防通胀、保稳定"成为重中之重。经济发展长期向好与近期的调控力度加大，使证券和期货市场走势方向未卜，处于持续震荡格局之中，而国民收入分配调整将进一步激发民间理财需求的增长。学会"对冲避险"正成为投资者面临的重要新课题。股指期货、融资融券特有的多空对冲、规避风险的功能将进一步获得市场的广泛认知和实践。新一代"懂期货、会对冲"的投资者将引领市场新潮流，开创理财新奇迹。

姚　广　银河期货有限公司总经理

主要观点

中国应该通过提高产业的集中度或者通过联合谈判等方式，来提高谈判定价话语权，维护自己的利益。

风险管理贯穿经济活动

当下是世界经济复苏的关键性阶段，中国经济在保持快速增长的同时，也将进一步向高效集约型经济方向转变，实现由量的积累到质的提升。大宗商品市场波动幅度将进一步加大，通胀压力将导致国家采取更为严厉的宏观调控措施，对于每一位投资者来说，机遇与风险并存。

国际大宗商品价格剧烈波动使中国企业面临越来越大的风险，相反，国际企业却凭借定价话语权优势和风险管理优势，利用价格变化侵蚀中国企业发展成果。

定价话语权缺失是中国企业在国际贸易中被动的关键因素，没有定价权，中国一买就涨，一卖就跌。从宏观上看，定价话语权关乎国家经济利益，是国家软实力的体现，是一种政治，应该从国家战略高度看待定价话语权问题。

为什么说大宗商品定价权是先进风险管理理念和制度的体现？目前国际大宗商品定价主要是通过商业谈判议定价格，比如铁矿石贸易，一般都是进出口两方谈定价格，签署远期合同。强势的西方发达国家具有非常高的产业集中度，其跨国公司利用产业集中度高的优势，在与中国企业谈判中占据主动，通过长期合同等对自己有利的方式，降低自己企业的风险，同时将自身利益最大化。

“十二五”规划指出：“我们必须坚持以更广阔的视野，冷静观察，沉着应对，统筹国内国际两个大局，把握好在全球经济分工中的新定位，积极创造参与国际经济合作和竞争新优势。”我们应该积极创造条件争取国际定价权。从常用的国际贸易定价方式可以看出，提高全球定价话语权，核心是提升风险管理理念和管理水平。对于商业谈判议价的贸易定价方式，中国应该通过提高产业的集中度或者通过联合谈判等方式，来提高谈判定价话语权，维护自己的利益。

王志斌　招商期货经纪有限公司总经理

主要观点

随着市场的壮大，期货市场作为风险管理市场、套利市场等的角色越发显著，专业化、细分化是如今市场参与者的明显趋势。

期货业的春天正在到来

时运交移——期货市场涅槃重生

1990年，中国的期货市场诞生，然而早期的大干快上、盲目发展导致了随后数年的清理整顿、低迷沉寂，中国的期货市场开始的十年在阵痛中前行。2001年以来，期货市场进入“恢复发展”时期，市场交易水平得到显著提高。2010年全国期货市场累计成交金额达308.67万亿元，同比增长136.51%，达到A股成交额的2.8倍。投资者谈论的话题开始从该买什么牛股，变成了“棉花还有几个涨停”、“‘唐高宗’能到多高”。

扫空万古——期货市场走向“质变”时代

单看成交额，中国期货市场已经远远超过了股票市场。从产业服务功能来看，经过多年市场培育，期货市场为我国产业服务的范围越来越广，吸引了越来越多的现货企业参与和利用期货市场进行风险管理；从定价功能来看，对一个主权国家来说，只有掌握了商品定价权，才能真正掌握国家的经济命运。

如果说市场作用的升华是质变的体现，那么期货市场参与者本身则是质变的原动力。

十年前，有人把期货市场比喻成充满了投机客的赌场，而期货公司不过是从中收点场地费和茶水费。而十年后，这种局面已然改变。随着市场的壮大，期货市场作为风险管理市场、套利市场等的角色越发显著，专业化、细分化是如今市场参与者的明显趋势。

未来期货市场规模仍将不断扩大，企业对于期货公司甚至期货行业的服务要求也在不断升级。

希望更多的投资者能够深入了解期货市场，关注期货交易品种的投资机会，因为期货市场未来将会逐步成为投资者必不可少的投资选择。

何晓斌　国泰君安期货有限公司总裁

主要观点

2010年国内A股市场大幅波动，股指期货初步发挥了其对冲风险功能。与此同时，股指期货也成为广大投资者极为关注的事情。

投资股指期货的箴言

2010年国内A股市场大幅波动，股指期货初步发挥了其对冲风险功能。与此同时，股指期货也成为广大投资者极为关注的事情。

回顾以往的股指期货市场，结合我们所了解的情况，我想就投资者关注的三个方面问题跟大家作个交流。

第一，股指期货投资者适当性制度这一创新之举，体现了管理层对缺乏风险承受能力的中小投资者的爱护，也体现了管理层对股指期货市场的爱护。

第二，不要把股市和股指期货的上涨下跌总与阴谋论或操纵联系在一起，这不利于对市场的正确判断，基本上也不符合事实。

第三，股指期货有助于机构投资者的发展壮大，促进期货公司做大做强，有利于期货市场更好地服务于国民经济的发展。

2010年，中国的国内生产总值（GDP）超过了日本，跻身全球第二，然而国内的股市却没有跟随经济的发展一起向上，反而在大幅波动中有所下跌。展望未来，有以下三点供各位读者参考：

首先，国内为控制经济过热与通胀，必然要采取进一步的紧缩政策。而在通胀和紧缩的背景下，很难期望市场有单边的大牛市。

其次，投资者不宜固执于一种想法，不要封闭自己，要保持开放的头脑，要以小心谨慎的态度来看市场，把握其中的机会，规避市场的风险。

最后，这几年我们深深感受到随着经济的发展、收入的提高，人们渴望有更多的投资机会，参与期货市场的人不断增加。

卢赣平　金瑞期货有限公司总经理

主要观点

做期货，无非就是要做好三件事：1．找到赢利的方法；2．赢利；3．花钱。

做期货是一件开心的事

对于每一个期望在期货市场中获利的投资者来说，做期货无非要处理好三个“情”，即“行情”、“心情”和“事情”。这三情中变化最大的是“行情”——行情的变化是市场上所有力量互相博弈的总和，其变化的速度和节奏往往出乎任何人的意料。哪怕有一波行情是某个巨大的力量发动的，这个巨大力量本身看到行情启动和发展的动态演化时，也会有不可完全预测、把握的感觉。因为行情是成千上万的交易者用金钱投票的结果，他们在投票的过程中，还受着各种市场资讯的刺激、各种工作和生活场景的刺激以及自己情绪波动的刺激，这些刺激反映到行情中，形成新的涨跌波动，从而进一步刺激每一个交易者，形成了复杂和不可预测的循环影响。

最重要也是最能左右个体投资结果的是“心情”——左右群体投资结果的是行情的大小和波动形态，而左右个体投资结果的则更多是他自己的心情。他的心情好、情绪平，就能处理好行情，做好事情，结果就是赚；心情差、情绪乱，就处理不好行情，做不好事情，结果就是亏。

我们必须计划考虑做好的则是“事情”——做期货，无非就是要做好三件事：1．找到赢利的方法；2．赢利；3．花钱。

做期货类比人生，只有每一天、每一时、每一刻都过得幸福快乐，才算得上幸福人生。

100位顶尖投资家的理财策略

第四部分

企业家投资智慧

- 把握新方向，抓住转型机遇
- 比亚迪的三大绿色梦想
- 创新是企业永恒主题
- 客户为原点提升能力
- 努力在细分领域的国际竞争中持续领先
- 企业“忠孝”之义不可或缺
- 生物技术事关人类的重大未来
- 贪婪还是恐惧？

周少雄　福建七匹狼实业股份有限公司董事长

主要观点

在转型时期，完善产业结构和转变发展方式，不仅是我国的重大任务，也同样是企业的重要责任。在转变的过程中，企业应该是探索者，应该是先行者，应该是引领者。

把握新方向，抓住转型机遇

这两年，我们谈得最多的就是转变发展方式，怎样转变？我们一直在思考：未来七匹狼和整个服装行业对社会的贡献是什么？我们永续经营的动力在哪里？我们难道仅仅为了赚钱？我们的企业要创造些什么？

在转型时期，完善产业结构和转变发展方式，不仅是我国的重大任务，也同样是企业的重要责任。在转变的过程中，企业应该是探索者，应该是先行者，应该是引领者。

一方面，居民消费水平在快速上升，服装行业迎来了消费快速增长的极好时代；另一方面，服装行业的竞争越来越激烈，国际一线品牌由高端市场向中低端拓展，低端市场逐步向中高端扩张，中间民族服装品牌成了目前竞争最为激烈的市场。

第一家邀请港台明星代言产品，第一家赞助世界顶级足球队来中国比赛，作为创造了无数个中国第一的服装品牌，七匹狼应该拥有什么样的企业文化？

中国服装业未来的竞争，首先是在中国本土的国际化竞争，七匹狼要成为胜利者，就一定要充分发挥出最大的核心竞争力优势——深厚的品牌文化内涵。说到底，未来服装行业的竞争，是基于品牌文化内涵的市场竞争。

“挑战人生，永不回头；相信自己，相信伙伴。”

王传福　比亚迪股份有限公司董事局主席

主要观点

比亚迪始终坚信技术改变世界，创新造福人类。比亚迪有三大绿色梦想，即太阳能电站梦想、电动汽车梦想和储能电站梦想。

比亚迪的三大绿色梦想

当今世界面临着能源紧缺、二氧化碳过度排放、空气污染三大世界性难题。石油、煤炭等不可再生能源的危机和枯竭终将不可避免，那么未来世界所需要的能源在哪里？

石油和煤炭所带来的不仅是有限的能源，还带来了矗立天空的烟囱、深埋地下的废水管道，以及无处不在的汽车尾气、空气污染、水源污染、白色污染等等。人类赖以生存的生态环境，不断遭受难以逆转的破坏。

全球正在寻求新的能源解决方案，全球能源的变革势在必行。

比亚迪始终坚信技术改变世界，创新造福人类。比亚迪有三大绿色梦想，即太阳能电站梦想、电动汽车梦想和储能电站梦想。

第一个是太阳能电站梦想。与不可再生化石能源相比，太阳能资源却是取之不尽，用之不竭，每小时太阳向地球提供的能量足够60亿地球人使用一整年。太阳能资源分布相对均衡，不会发生资源过于集中于某个国家或出现垄断的情况，且在一定程度上解决了电力过长距离传输的问题，降低了电网投入，提升了传输效率。此外，太阳能是清洁能源，对人类生存环境不会产生破坏。

因此，太阳能将成为替代传统能源的完美选择。太阳能的更广泛应用将创造历史性市场机遇，巨大的市场空间将造就伟大的企业，而比亚迪亦将以之为目标而努力。

第二个梦想是电动汽车梦想。能源供给的变革，必将伴随着能源消费的变革，甚至能源消费的变革领先于能源供给。在能源消费领域，仅仅是汽车就消耗了全球40%的石油，汽车成为全球能源消费的主力军。能源消费的变革不可能离开汽车行业的变革。在环境和能耗方面的优势，从根本上决定了电动汽车替代燃油汽车的趋势，指明了汽车产业变革的方向。作为全球充电电池产业的领先者，比亚迪成功地自主开发了大型动力电池“铁电池”，解决了电动汽车最核心的电池技术。

比亚迪的纯电动大巴K9和纯电动汽车e6分别作为城市公交车和出租车，无排放、无污染、无噪声，洁净环保，低碳高效，节约能源，实现了城市公交电动化，并可从根本上缓解世界三大问题，最终打造低碳生态城市，创造健康快乐生活。深圳，则是我们致力打造绿色低碳城市的首站。

第三个梦想是储能电站梦想。太阳能将改变全球能源的供应结构，电动汽车将改变能源的消费方式，而连接电力供给和电力需求的电网的安全和效率问题，成为横在人类面前的另一难题。比亚迪储能电站梦想正是为了解决电网安全和效率问题。全球能源紧缺，新兴能源产业的发展势在必行，但风能、太阳能等清洁能源受环境影响较大，功率不稳定，致使传统电网无法承载，大量风能发电被浪费。造成这一问题的主要原因是：储能技术落后，现有储能电站无法实现功率补偿，无法满足功率平滑的需求。

应该说，储能技术已成为新能源开发的核心之一，是风能、太阳能产业发展中不可或缺的一部分，也是重要的短板之一。传统的抽水蓄能技术，投资大，效率低，效率只有70%。比亚迪采用铁电池储能，使用化学储能的方法，效率高达90%，而且可移动、可分布，能够满足大规模储能的需要。特别是与太阳能、风能等新能源发电相结合，使新能源大规模使用成为可能。全球电力需求逐年增长，用电高峰和低谷的负荷差距越来越大，电池储能电站作为一项新兴技术，将给电网储能领域带来革命性的技术更新，具有巨大的社会效应和经济效应。

我们的梦想就是通过我们的技术创新，构建零碳、零排放的生态环境系统，使我们的环境更绿色更环保。

叶澄海　深圳信立泰药业股份有限公司董事长

主要观点

唯有通过不断创新，挖掘、保持、加强核心竞争力，才会在外部因素多变的未来得以生存和发展，获取真正的“黄金”。

创新是企业永恒主题

信立泰的成功是多方面因素综合造就的，但是起重要作用的因素是坚持不懈地创新，不断提升核心竞争力。

信立泰创新的一个表现就是对研发的持续投入。公司的研发队伍分为两部分。一组专门开展创新药物的研发工作。这支队伍除了利用公司自身研发资源进行药物开发外，还和著名外部科研机构合作，开发出一批具有市场前瞻意义的药品，为公司经营规模的持续扩大打下了坚实的基础。

创新的另一种模式是在原有的环境中勇于突破，走出一条适合企业自身发展的新路。在2000年前后，国内药企的营销模式普遍是招商代理模式。在当时的环境下，对于品牌知名度欠缺、资金紧张、人才缺乏的国内中小型药企来说，这种模式的确是个最快收回药物开发成本、实现收益的营销模式。

信立泰于2000年取得硫酸氢氯吡格雷的生产批文后，诸多有实力的代理商主动上门接洽要求代理。选择代理商进行代理，对信立泰来说不但较为轻松，也能在短时间内得到利润回馈，在当时是一种理所当然的选择。但公司最终选择了当时国内比较少见的学术推广模式。公司组建一支高素质的学术营销队伍，对泰嘉进行学术推广与宣传，从而实现销售额的持续上升。

外部因素的变化也促使企业必须不断创新。2010年，不少媒体提出了“医药黄金十年”这个概念。随着国家在医药行业的投入逐年增加以及国内老龄化趋势的不断加深，医药市场必将持续扩容。与此同时，国家监管体系逐渐成熟，相关法律法规不断健全，尤其是目前的政策趋势以调整医药行业结构、促进医药行业集中化为目标，国内诸多核心竞争力较弱的中小型药企感受到了巨大的生存压力。唯有通过不断创新，挖掘、保持、加强核心竞争力，才会在外部因素多变的未来得以生存和发展，获取真正的“黄金”。

凌　克　金地（集团）股份有限公司董事长

主要观点

如何以客户为原点来提升产品和服务能力，是奔跑中的房地产企业一定要深思的基本问题。

客户为原点提升能力

2010年，对于中国的房地产行业及开发商而言，并不平静。顽强上升的趋势源自基本面的良好支撑。时势与政策的结合，将会创造出一个城市快速发展的黄金时段，带动众多的二、三线城市迅速崛起。把握住这一基础的城市衍生和社会发展的逻辑之后，我们不难发现，规模增长仍然是未来几年行业发展的主线。

同时，我们也时刻警醒，虽然长期向上是整个行业的大势所趋，但我们不能滋生依赖市场环境来获得外延增长的思维习惯。关注企业内部竞争能力的打造对于当下的地产企业而言，尤为重要，因为这才是企业获得永续发展的源泉。以模式创造规模，才能为企业长跑赢得领跑的能力。这种模式的建立，来源于企业内功的不懈修炼，也来源于企业前瞻性的战略布局以及价值创造的能力。

在房地产消费需求端不断升级之际，房地产企业产品能力的竞争将更加激烈，仅仅通过简单商品复制将不足以赢得市场，向消费者提供差异化的产品和优质细致的服务，才是企业在竞争中脱颖而出的制胜砝码。如何以客户为原点来提升产品和服务能力，是奔跑中的房地产企业一定要深思的基本问题。

如果我们铺开未来房地产行业转变的图景，从传统的住宅产业向产业链上下游的延伸，以及与其他行业的协作与整合，将是两条重要的脉络。向产业链上游发展，我们可以进行房地产金融等领域的探索；往下游延展，我们又可以进行房地产服务等领域的开拓。将来，房地产市场的专业化程度会越来越高，企业规模增长的乘数效应将体现在产业升级过程中蓝海的开拓，那些还没有被完全开发的领域蕴含着巨大的价值。

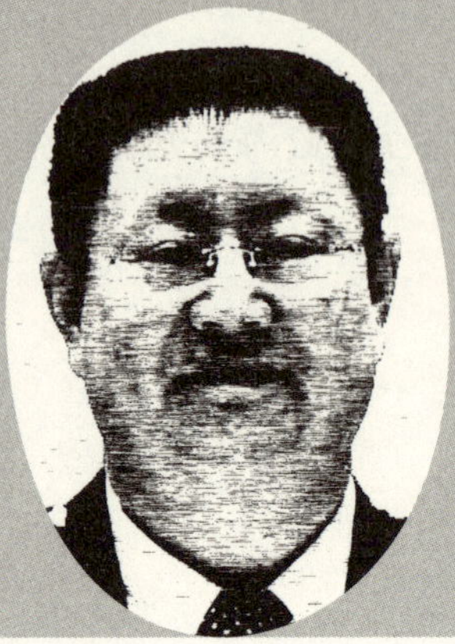

李　锂　深圳市海普瑞药业股份有限公司董事长

主要观点

海普瑞自组建以来，一直在坚持做两件事情：一是对工艺技术的不断革新，二是对产品质量的严格管控。

努力在细分领域的国际竞争中持续领先

作为一家专注于肝素钠研究、生产与销售的专业化公司，海普瑞自组建以来，一直在坚持做两件事情：一是对工艺技术的不断革新，二是对产品质量的严格管控。

肝素是世界上最有效和临床用量最大的抗凝血药物，主要应用于心脑血管疾病和血液透析治疗，其中在血液透析重症治疗中是唯一有效的特效药物，以保证在血透的过程中血液在体外循环时维持原有的生理形态。近年来，国际市场对肝素原料药的需求十分强劲，肝素制剂用量稳中有升，低分子肝素的市场迅速扩容并保持高速增长趋势。预计到2012年，全球肝素类药物市场销售额将达到约91亿美元，年复合增长率预计约为11%。

2010年5月6日，海普瑞登陆A股。借助于资本市场，公司得以扩大产能，壮大规模，同时，紧握行业壁垒持续提高的时机，凭借独特的工艺技术和严格的质量管理优势把产能迅速填补上去，进一步获取在国际市场的定价权，获得更大的市场份额。

公司成功上市，带来更多的市场机会。而同时，管理团队感受更深切的，是沉甸甸的责任。公司的扩产计划一直在谨慎实施，在风险可控范围内设计详细的扩产流程和相应的管理控制措施；在四川和山东两个养猪大省设原材料基地，以确保原材料安全；于成都设立制剂合资公司，运用自有资金生产标准肝素制剂，在制剂领域作初步尝试。业务的拓展加大了对人才的需求，人力资源管理也已成为公司战略的一部分，内部治理也在不断完善……我们知道：唯有持续稳健发展带来的优异业绩，才能回报投资者给予我们的不离不弃的信任。

近年来，国内外陆续发现肝素在血液系统疾病、心脏病、体外循环手术、血液净化疗法、显微外科、肺内科、肾病、产科、儿科、眼科等12个大的临床学的40余种疾病的治疗中都发挥了较好的医疗作用，而且这样的研究还远没有结束，肝素完全可能成为治疗更多疾病的药物。肝素这个市场潜力十分巨大，海普瑞需要进一步尝试、探索、完成的事情还有很多。

科技与工业，是民族振兴的基石。海普瑞在科技兴国、产业兴国的时代洪流里，深感任重道远，也希望为人类的健康发展贡献绵薄之力。在全球一体化和制造能力过剩的时代背景下，高质量的产品会越来越有价值。保障产品质量是我们的义务，是我们的责任，也是我们能力的体现。

谢　明　泸州老窖股份有限公司董事长

主要观点

尊重传统文化，注重传承与创新，塑造具有中华时代特点的企业法人人格魅力，实现企业与社会的共生共荣共发展。

企业“忠孝”之义不可或缺

千年以来，中华民族受儒家文化影响，历来重视孝道。只有通过道德内化，使为人子女者发自内心地、真诚自愿地关爱父母，方能达到治本之效。

作为自然人，“忠孝”乃基本准则。“忠”者，爱国爱民、爱岗敬业之人也。“孝”，由“老”字的一部分和“子”字的全部组成，因此“孝”者，子能承其亲，顺其意，善事父母之人也。

对于企业法人来说，“忠孝”之义依然不可或缺。依法纳税，可视为对国家的“忠”；尽好信托责任，切实提升业绩，可视为对股东的“忠”；传承、弘扬企业精神与文化，可视之为“孝”；依法纳税，保证国家富强，在此前提下，获取更多投资者的支持，传承传统文化与企业精神，始能打造“百年老店”的坚实基业。

因此，在企业中，大力倡导“立德重孝”的理念，谨守商业道德、诚信经营、汇通天下，以义取利，在企业自身发展的同时，惠及社会民生，实现共赢。同时，尊重传统文化，注重传承与创新，塑造具有中华时代特点的企业法人人格魅力，实现企业与社会的共生共荣共发展。

李云春　云南沃森生物技术股份有限公司董事长

主要观点

如果说生物医药是整个医药行业的皇冠，那么疫苗行业就是这个皇冠上最璀璨夺目的钻石。

生物技术事关人类的重大未来

从1982年第一个新生物技术药物重组人胰岛素上市至今，生物制药产业已有近30年的历史，100余种产品，这些产品在治疗肾性贫血、白细胞减少、癌症、器官移植排斥、类风湿关节炎、糖尿病、银屑病等以往难以医治的疾病中发挥了不可替代的作用。

1993年全球生物医药市场产值仅84亿美元，1997年后随着Rituxan、Remicade、Herceptin和Enbrel等一大批重磅炸弹生物药相继上市，生物制药产业进入了第二个快速发展阶段，增长速度已连续10多年保持在15%—33%，成为整个医药行业中发展最快的部分。2008年全球生物医药市场产值达880.5亿美元，占全部医药市场的20.6%。

人类基因组计划、蛋白质组计划在基础研究领域取得的重大突破使得人们对疾病机理的了解越来越深入，药物新靶点不断被发现，技术进步和市场扩大使得生物药物产业成为21世纪发展前景最诱人的产业。预计未来生物药物发展将主要集中在以下领域：新型疫苗、治疗性重组单抗药物、融合蛋白药物、干扰RNA（RNAi）药物、细胞治疗、基因治疗。

如果说生物医药是整个医药行业的皇冠，那么疫苗行业就是这个皇冠上最璀璨夺目的钻石。疫苗行业对人类健康具有重要意义，通过牛痘疫苗在全球的广泛接种，人类有史以来第一次彻底消灭了一种对人类健康有重大威胁的疾病——天花，这是疫苗行业对人类的重大贡献之一。

2008年全球疫苗市场产值达192亿美元，预计2013年将增长到390亿美元，年复合增长率15.2%。随着新型传染病疫苗（如艾滋病疫苗、EB病毒疫苗、手足口病疫苗、胃病疫苗等）不断研发成功，以及疫苗从预防传染性疾病向治疗性疫苗和预防非传染性疾病（如糖尿病、肿瘤、心血管疾病、过敏性疾病、自身免疫系统疾病等）的领域延伸，疫苗行业具有极为广阔的成长空间。

2009年6月，国家发改委出台的《促进生物产业加快发展的若干政策》明确提出，重点发展预防和诊断严重威胁人民群众生命健康的重大传染病的新型疫苗和诊断试剂，我国的疫苗行业面临良好的发展机遇。预计未来10年是我国疫苗行业发展的“黄金十年”，这一方面是由于国内疫苗市场的快速增长，另一方面我国生产的疫苗品种将逐步走向国际疫苗市场。

沃森生物拥有一支在业内拥有丰富成功经验的专业互补的管理团队，他们对疫苗产业的变迁有深刻的理解，对疫苗市场拥有敏锐的洞察力。沃森生物的目标是成为疫苗行业产业升级的先锋和最具创新力和成长力的企业。

沃森生物始终坚持“产品升级换代”和“进口替代”的研发战略。通过建立技术平台和实行疫苗集成研发管理模式，沃森生物在过去10年中已研发成功13个疫苗品种，目前还有十几项疫苗品种在临床前研究阶段，已形成丰富的疫苗产品线。由于沃森生物的技术平台和疫苗集成研发管理模式具有可复制性，沃森生物将源源不断研发出具有良好市场价值的疫苗品种。

作为沃森生物的董事长兼总经理，在这里谈一下我对于生物医药企业投资价值的判断要点：首先要关注这个企业的管理团队是否拥有行业内成功的经验，关注这个团队是否有清晰的战略和经营理念；其次关注该企业是否拥有持续的创新能力——创新是生物医药企业的灵魂；最后要关注该企业是否有强大的市场营销能力。

伟大的企业无一例外都源于长期快速的成长，沃森生物将以规范、稳健的经营，通过产业经营和资本经营实现企业业绩持续快速的增长，为股东创造更大价值。

蔡　蕾　昆吾九鼎投资管理有限公司合伙人

主要观点

如何应对未来悄然而至的风险？我们一个基本的策略是重视中长期趋势，忽略短期性波动。

贪婪还是恐惧？

基于职业本能我们即可判断，中国经济的未来之路绝不会一帆风顺。不过令人遗憾的是，我们没法提前告诉大家中国经济或证券市场会具体在什么时候、以什么样的具体方式出现显著的波动或者风险。对于市场而言，不确定性是最大的确定性。如何应对未来悄然而至的风险？我们一个基本的策略是重视中长期趋势，忽略短期性波动。作为一个从事PE投资的投资者，我们必须做中长期的投资。这既是被动的约束，也是主动的选择。这也涉及投资者必须面对的那个问题——是该贪婪还是恐惧？

实际上，长期投资和价值投资的理念，并不是什么新鲜的观点。但在股票市场太多短期波动、太多短线机会的诱惑下，大部分投资者都很难践行。

柳传志　联想控股有限公司董事长兼总裁

主要观点

非理性的投资热迟早会摔跤，商业重心终归是实业。实际上联想控股的战略是，用投资赚来的钱注入、扩充实业。

投资未来的利润支柱

联想控股有限公司成立于1984年，目前拥有联想集团、神州数码、融科智地、弘毅投资和联想投资五家子公司。联想的投资业务，目前基本上由三大部分组成：一是联想控股对战略资产的直投业务，二是以弘毅、联想投资为平台的资产管理业务，三是以联想之星为平台的孵化器投资业务。随着联想集团业务逐渐走上正轨，我的精力又重新回到联想控股，回到投资和创业辅导上来。下面我想谈几个问题。

一、联想的投资战略

投资与实业这两者在我看来并不冲突。张瑞敏曾说过一句话："台风来了，猪都能被吹上天。"非理性的投资热迟早会摔跤，商业重心终归是实业。实际上联想控股的战略是，用投资赚来的钱注入、扩充实业。

对所有所投企业，我们的要求都是：哪怕是PE投资，都要在我们退出后还能继续增长。现在的控股投资也坚持这个大的思路，一定要使得所投企业实现硬增长。联想控股计划在未来的5—7年上市，在控股上市前这些投资项目能形成利润增长就可以了。联想控股对利润支柱的成长有一个明确的利润梯队安排，绝不能在上市后前两年利润增长非常快，但之后却出现市盈率持续下滑甚至更糟糕的情况。这不是我们想要做的事情。

二、投资方向

在机会型财务投资之外，联想控股的投资关键在于找出未来的利润支柱。神州租车所在的现代服务业、煤化工以及大农业是联想控股的三大投资方向。

租车这个领域，首先可以肯定的是它会有一个很光明的未来。这点从美国、英国等成熟市场的发展轨迹可以看出来，而且国内市场的发展迹象现在也已经很明显了。这种业务细致算起来，肯定能给客户带来很大的便利，只不过教育市场需要一定的时间。我们想这只是时间问题，这就是中国市场的优势。

联想控股一直有兴趣进军一些以前民营企业不容易涉足的产业，如能源、环保、化工和医疗等，并且是以联想控股直接投资形成产业规模的形式，将其做成自己的核心资产来运营。化工和制造等跟环保有一定关系的产业也将成为联想控股下一步要投资的领域。联想投资之所以此前都没做农业投资，关键在于中国市场前几年还不成熟。一方面是需求没起来，另一方面则是还存在一系列的死扣。现在政策的死扣正在慢慢解开，需求也逐渐显现出来，我们就有信心做好这件事情，联想的文化有信心使得农民变成好的工人，并且最终形成品牌。

三、做投资的几个点

第一，我们的投资理念叫做“事为先，人为重”。行业若不好，做增值的空间就小；比如胶卷行业，现在这个市场已经很小了，怎么去帮企业做上去？这属于事为先。更重要的则是人为重：如果人不行，好行业里也可能做不出好企业；而人如果非常出彩，中等行业里可能也能做出彩来。这就是投资的真本事了。

投资项目的执行，最关键的就是确定要做对的事情并找对人。选定行业后，还要看这个行业里面是否有相应的领军人物。他既要懂企业管理，又要懂业务。像化工，本身是一个专业性很强的领域。在我们决定做煤化工之后，花了大概半年多在这个领域中选合适的领军人物，然后由他们再做方案、做策划。我们历来重视领军人物，而联想控股内部团队的作用是挂帅。

第二，投资方向明确后就需要“拧螺丝”。在我们内部大的方案、策划、整体思路清晰之后，我们就在这个事情中开始“拧螺丝”了。所谓拧螺丝是我平常经常打的一个比方，比如要跟当地政府谈，要跟拟收购的企业谈，还要考虑动手准备组织执行团队。这几个工作要同时交叉行动，在准备得差不多的时候才开始发力。

季克良　贵州茅台集团董事长

主要观点

越是有世界影响的企业，我们越能找到普适的价值观：恪守常识，坚持品质，懂得尊重与分享。

我们的价值我们的未来

“国酒”茅台坚守与成长的关键是什么？换句话说，中国传统企业，如何巩固我们自身的核心价值观？

我曾提过商业竞争的基本道德底线对于一个企业的长远发展来说是多么重要。今天，我的话题仍然沿着这个方向继续申述。

这将是中国企业走向世界的永久命题。什么是企业的核心价值观？商业道德与社会担当。

掐指算来，我在中国白酒行业已经服务了47年，目睹了这个行业太多的起伏艰辛，也目睹了很多你方唱罢我登场的案例。很多人感兴趣，贵州茅台为什么能从当年几间破旧的小窝棚成长到今天，在英国《金融时报》连年入围全球上市企业500强？

我可以肯定地指出，“国酒”茅台从半个多世纪前走到今天，靠的不是短促的营销策略，也不是点石成金的魔术，而是一种持之以恒的企业信念——要做世界上品质最好的白酒。如果你去茅台酒厂参观，那些酿酒的工人也许说不出什么大道理，但是他们对工艺和品质倾尽一生的专注，胜过任何语言的宣誓。这种东方式的质朴精神支撑我们走到现在，成为中国最具品牌价值的传统企业。

今天，国际化与全球化已经成为中国企业界中非常流行的观念。面对如此丰富多元的外部世界，中国企业能不能走得远、走得好？我们靠什么来说服世界接受我们？我们靠什么来赢得尊敬？如何在发展中把握好传统与现代的矛盾关系？

对于“国酒”茅台这种集历史感、荣誉感、文化感于一身的企业，这些都不是容易的事。

因为历史积淀得太深，所以不敢轻易突破，但一味抱残守缺，又意味着将在发展中止步不前。

而那些善于在传统基础上吸纳现代元素的创举，却往往能诞生新的生命力，迸发出夺目的光彩。

30多年来，中国企业告别当初刻板的体制与安排，体会到了竞争的压力与魅力，又从激烈的拼杀中重新发现“道”的重要。

这是世界上绝大多数历史悠久的企业曾经走过的路子。越是有世界影响的企业，我们越能找到普适的价值观：恪守常识，坚持品质，懂得尊重与分享。

20世纪初叶，西方很多大型企业开始从激烈的竞争以及无休止的成本控制带来的冲突与对撞中进行反思：利润的追逐不能是企业唯一的动力。推动进步、关注贫寒，一起成长。百余年过去，那些成功走出传统丛林法则的公司成长为今天世界上受到广泛尊敬的国际企业。

中国是拥有丰富传统文化和深受价值观影响的国家，但同时我们又是当代全球市场的后来者。我可以预言，未来10年，将是中国企业界的重要分水岭，也将是一批伟大企业诞生的重要时段。

在此，我不仅祝福茅台早日跃过今天的平台，成为有世界影响的中国品牌，我更要祝福越来越多的中国产品能进入更大的舞台。

今天我们选择什么样的价值观，将决定未来我们能成长为什么样的企业。

赵小刚　中国南车股份有限公司董事长

主要观点

中国南车已经做好了准备，我们会持之以恒地开发出新的节能减排的轨道交通产品，我们还要将这一技术应用到风能、太阳能新能源产品当中，应用到节能的电动汽车、智能电网、工业控制等领域当中。

我们已为能源革命做好准备

十多年前当发达国家提出经济全球化时，许多发展中国家表现出不安的心情，而中国以积极的心态迎接这一挑战。如今西方全球化的声音越来越小，贸易保护主义抬头，而中国企业正以高昂的姿态走出去。

不久前，某跨国公司的董事长在上海与中国南车洽谈时讲到反向创新这样一个概念，反向创新其实就是将中国的做法移植到国外去，进而再进一步拓展全球市场。这是否意味着世界企业巨头对中国管理的认识进入了新阶段？以中国高铁的发展为例，我想谈一谈我的认识。

中国高铁作为带动性产业、战略性新兴产业，不仅大大加快了中国铁路现代化进程，而且对国家的新兴产业发展和产业结构的优化产生了积极的影响。2004年开始，中国南车坚持两条腿走路，在引进、消化、吸收的同时，开展自主创新，成功搭建世界高速铁路动车组技术平台，掌握了核心技术，走出了一条具有中国特色的轨道交通装备自主创新之路。2010年9月28日和12月3日，由中国南车自主研制的CRH380A新一代高速动车组，相继创造出416.6千米和486.1千米的世界铁路运营试验最高时速。目前，中国南车提供的350千米及以上时速的动车组，已安全运行超过2500万千米，相当于绕地球620多圈，经过实地测试各项性能指标达到世界领先水平。

另外，无论从投资角度，还是从产业发展角度看，我认为，低碳经济为中国轨道交通发展带来了春天。中国政府已对外宣布：2020年，要实现单位GDP二氧化碳排放比2005年下降40%—50%，这是中国走向低碳经济的重大决策。交通运输业是耗能大户，其产生的二氧化碳占全球温室气体排放总量的

30%以上，所以发展低碳交通至关重要。

欧盟统计显示，欧盟27国交通运输产生的二氧化碳来源分布，公路占72%，其他占26.4%，铁路只有1.6%（完成运量7%—10%）。那么中国2009年已经有8.6万千米铁路，计划到2012年达到11万千米，其中高速铁路达到1.3万千米。但是按照中国单位国土面积和人均拥有的铁路来计算，中国与发达国家比相差还很远，甚至比不上印度，发展空间还很大。

中央制定的“十二五”规划，以及《国务院关于加快培育和发展战略性新兴产业的决定》，都明确提出了要大力发展轨道交通装备，预计未来中国铁路装备发展的空间会很大。欧洲、美国、俄罗斯、印度、巴西、中东等国家和地区，正在制订高铁发展计划，全球轨道交通发展迎来了新的春天。

面对经济快速发展对运量提高的需求，如果我们还生产过时的产品，还不顾市场的期盼，就会犯大错误。

200年前，英国发生工业革命；30年前，美国发生信息革命；有人说影响世界的第三次革命是能源革命。那么，中国应该会在这次能源革命中大有作为，中国南车已经做好了准备，我们会持之以恒地开发出新的节能减排的轨道交通产品，我们还要将这一技术应用到风能、太阳能新能源产品当中，应用到节能的电动汽车、智能电网、工业控制等领域当中。

薛　虎　合生创展集团有限公司总裁

主要观点

经济通胀与市场估值可能存在分化矛盾的情况下，我们须以更为敏锐的眼光审视投资，须“静如处子，动如脱兔”，审慎把握投资机会。

寻找适合的投资舞台

当前，宏观经济战略转型的大背景没有发生变化，宏观经济持续向好的态势没有发生变化，但前期经济刺激的负面效果已开始显现，流动性对商品价格的冲击较大，通胀速度或过快而导致流动性收缩高于预期，经济通胀与政策调控矛盾或会更为突出。同时，宏观经济向好，股市的持续低迷，行业可能面临重新洗牌和市场价值重估，市场估值存在进一步分化的可能。

2010年股市走势与宏观经济背道而驰告诉我们，投资应该更为慎重，尤其是经济通胀与市场估值可能存在分化矛盾的情况下，我们须以更为敏锐的眼光审视投资，须“静如处子，动如脱兔”，审慎把握投资机会。

要获得投资回报，仅选择对行业是远远不够的，关键还是须选择具有高成长性和业绩预期的优质企业。如何评判和选择一个企业呢？我们认为，评判一个企业，不能简单地按规模而论，而应从企业的行业地位、规模性、成长性、赢利能力、运营能力以及企业未来发展战略等多方面综合衡量。从一个企业的财务指标入手，清晰了解、熟悉所投资企业的综合状况，我们才能保持谨慎、平稳的投资心态。

关注企业的财务指标，我们能筛选到一些具有投资价值的优质企业，但往往投资这些企业回报率较小。

要筛选到高投资价值的企业，我们更应该关注企业的核心竞争资源、能力以及由此带来的核心竞争优势，那些具有不可模仿、不可复制资源和能力的企业，比如具有核心技术专利、强大议价能力和市场领先地位的企业，未来企业成长性和业绩预期更高，能享受到更高的估值收益，投资回报一般更为优厚，值得去研究、分析和投资。

刘德群　大连壹桥海洋苗业股份有限公司董事长

主要观点

加快规模化脚步，将更有效地降低经营风险，变规模优势、资源优势为经济优势，在提高经济效益的基础上，带动公司多品种全产业链发展。

引领渔业生态发展

壹桥苗业成立于2001年，在中国渔业资源化发展的浪潮中经历了十年风雨历程。2010年是壹桥苗业的证券市场发展元年，壹桥借力资本市场，肩负起中国海水养殖业的历史使命。放眼未来，我们将从以下几个方面为壹桥制定给力的新蓝图。

近年来公司与中国水产学院、海洋水产研究所、中科院海洋所等国内权威水产研究院所建立了战略合作关系，不断提升苗种质量，积极推进我国水产养殖良种覆盖率的提高。现主要苗种为虾夷贝苗、海湾贝苗等，日后将进一步加大科研投入的力度，继续加强自身科研力量，积极吸收转化国内外先进的苗种繁育技术，走产学研相结合的苗种产业化自主创新之路。同时，也将对现有主要扇贝和海参品种实施种质改良、提纯复壮，研究出具有自主知识产权的“壹桥”系列良种品种，积极探索适宜国内外养殖的海珍品新苗种培育技术，努力新增3—5个储备品种。

公司有效利用资本市场现有融资平台，产能得到进一步扩大。2010年取得了39932.7亩的海域使用权，以不超过2000万元的价格收购大连雨田海产养殖有限公司的育苗场，于2010年年初签订了3处育苗场租赁协议，共计4.6万立方米水体。当然，规模化繁育的战略不只是从企业产能扩张角度考虑，更须进一步向多品种、规模化苗种繁育深化发展。从两方面同时加快规模化脚步，将更有效地降低经营风险，变规模优势、资源优势为经济优势，在提高经济效益的基础上，带动公司多品种全产业链发展。

回首两年多的上市历程，壹桥苗业的经营管理依靠资本市场的推动发生了翻天覆地的变化，公司现代企业管理体系得到了建立和完善，按照资本市场的运作规律和上市公司的要求，积极完善法人治理结构，不断规范企业行为，保持公司持续发展的强劲动力。

梁信军
上海复星高科技（集团）有限公司首席执行官

主要观点

在将来的十年当中，中国将有两个变化：成为全球主要的消费和资本市场。

迎接黄金十年

在将来的十年当中，中国将有两个变化：成为全球主要的消费和资本市场。

从消费市场来看，对内来讲，就是党中央一直在强调的要让内需成为中国经济发展的主动力。对外来说，越来越多的全球企业会把进入中国作为它眼下最重要的计划，因为它如果不是在中国占有一席之地的话，在将来十年它很难说自己是一个全球的公司。

从第二个变化来说，一方面中国逐渐会从资本净输入国，成为净输出国。中国对外直接投资FDI有569.3亿美元，招商引资进来的FDI大概900亿美元，也就是说60%左右是投出去了，占全球的5.1%，排名第五。

中国企业的IPO融资在2010年上半年已经位列全球第一，占全球第三季度总融资额的76%。如果看全球几个交易所的IPO数字、IPO融资，中国的排名已经进入前三名。

传统的经济增长动力学说就是"三驾马车"——出口、投资和内需。从出口来说，群体竞争力还是很强的。短期来说，可能还有波动；长期来看，中国的劳工成本、资源成本、环境成本已经呈现出不可逆转的上升趋势。所以，从中长期看出口压力很大。投资短期有一些压力，如果FDI有波动，当局的投资能力也逼到红线了。从长期看，投资拉动对中国GDP的贡献，将来还会很大。而最主要的内需因素，在过往十年扣减CPI之后的复合增长率是10%，去年是17.4%。所以，将来的5—10年，中国的内需很可能维持在15%—17%的净增长，因此品牌产品和升级消费在中国有远大的将来。

短期机会有两点：一是中国在海外有许多上市公司，它们是按照海外资本市场定价的。海外资本市场到现在为止，虽然有好转，但总的大形势还处于低潮。所以，海外资本市场的投资时机还是不错的，可以回购中国在海外上市的资产。二是投资一些得益于中国动力的海外企业、国际品牌——能够从中国成长中得益，而现在的海外资本市场定价还不高。

中期机会在于，能够得益于通胀或者对抗通胀的资产，以及中国的行业整合。

对于通胀，我只举一个例子。中国在已往的32年，整个货币的增发量、年复合增长率在24%左右，扣减物价指数之后的真实GDP复合增长率为9.9%。所以，超过GDP增长的部分，再减掉货币毁损，就是货币贬值。对于这样的数据解读很多，看你怎么看，这个历史的账总是要还的。中长期得益于通胀的资产是好东西，这里面包括一些资源、能源、地产、农业品、食品，还有风险释放后的金融资产。

行业整合也存在大机会。对于中国的一些行业龙头企业，不仅要从业绩上给予一定的PE，还要有整合评估。像我列举的许多行业，大家可以看到，有不少行业的市场占有率不到5%，还有许多是5%—15%的。而超过80%的，则缘于垄断，或者未经过充分的市场竞争。所以，在许多集中度还很低的行业，我相信将来会出现具有核心竞争力的龙头企业，它们会享受到整合带来的溢价。如果现在对它们进行投资，这些集中度不高的行业龙头企业，我觉得给的估值可以再高一些。

从复星自己来说，最关键的是作为一个投资机构，怎么打造出差异化竞争力？第一，要塑造全球投资的能力；第二，要寻求得益于中国成长的全球投资时机；第三，回购中国的海外资产。还有一个可以投资的方向，就是多看看能够从中国的消费升级中得益的海外资产。

孙尚传　深圳市大富科技股份有限公司董事长

主要观点

三网融合是网络技术发展的主要方向，无线宽带接入技术和建立在第三代移动通信技术之上的移动互联网技术，正向信息个人化的目标快速前进。

云计算将改变整个信息产业

当前，信息技术发展的总趋势是以互联网技术的发展和应用为中心，从典型的技术驱动发展模式，向技术驱动与应用驱动相结合的模式转变。特别是多媒体信息应用的增加，对网络带宽的要求日益提高。增大带宽是相当长时期内网络技术发展的主题。三网融合是网络技术发展的主要方向，无线宽带接入技术和建立在第三代移动通信技术之上的移动互联网技术，正向信息个人化的目标快速前进。

但是，作为信息技术发展和个人化应用的主要硬件载体的移动通信网络设备投资，似乎带有明显的区域性、阶段性和有限性，使得许多关心本行业的机构投资者、投资人、分析师乃至行业的从业人员都很迷茫。信息技术及通信设备制造行业的市场规模有多大？前景在哪里？这是我一直在思考也常常被问及的问题。

大富科技自申报IPO成功以来，虽然受到了众多机构和投资者的关注，但并未被普遍看好，与创业板的同行相比，市盈率也处在较低的水平。无论是证监会发审委聆讯时所关注的问题，还是路演过程中投资者、分析师的关切询问，几乎都是基于如下逻辑：大富科技是通信设备制造企业，通信行业是有限的基础设施投资领域，中国3G网络的大规模部署即将结束，3G网络已经进入网络优化、补点、覆盖增强阶段，似乎看不到下一个繁荣在哪里。

十年行业的磨炼，十年市场的体会，20年使用的感受，经历着悲观的疑问，伴随着冥思苦想，我得出了如下乐观的结论：

第一，信息通信行业正在从有限的固定的基础设施向无限的移动的网络互联结构发展，这给行业的软硬件生产商都提供了无限商机。

第二，信息通信技术正在从传统的单一语音通信功能向数据、视频图像等移动平台扩展，促进了三网或多网融合，扩大了对共享软硬件平台建设的需求。

第三，IP改变了整个通信产业，云计算将改变整个信息产业，最终客户可以像用水、用电一样享受信息应用服务，各种更优越、更便捷的软硬件支撑载体将应运而生，尤其是移动互联网络将给云计算下的个人信息应用提供最佳支持。

与未来同行，我认为，产业趋势和格局变迁将给大富科技带来巨大的业务增长机会，而此增长的潜力和驱动力主要体现在以下三个方面：

首先，我们的客户正在由设备提供商向服务提供商转型。其业务模式将更多地由设备研发制造转向为运营商提供网络运营维护、增值业务软件及应用、支付转移等平台的创建与维护，这些基于云计算的应用将为我们的客户及运营商带来全新经济模式的重大转型。这一趋势必将全面快速推动产业链条的向上升级，大富科技将有更多机会承接现有客户转移释放出来的软硬件业务。

其次，移动通信系统正向4G/LTE演进。欧洲、北美及亚太部分发达地区将进行规模商用。大富科技在以华为、爱立信、阿尔卡特—朗讯为首的世界通信行业内最具竞争优势、最具技术实力的客户的引领下，正沐浴着这超过2万亿元人民币商机的曙光前行。

最后也是最重要的，大富科技不只是移动通信设备的供应商。大富科技以多技术集成服务赢得客户，以多工艺制造平台创造价值，致力成为全球领先的射频器件及通信子系统提供商，进而成为全球领先的智能化精密工业部件提供商，最终成为端到端网络工业技术和解决方案提供商。

王中军　华谊兄弟传媒股份有限公司董事长

主要观点

三网融合肯定是让内容提供商越来越有优势，我们一定要有想法，只要中国知识产权保护好了，我们就有很大的空间了。

做好产业布局和创新

以前我参加过一个关于创新话题的年会，把能听说到的企业家、一把手、CEO等等一股脑地聚在一起，足足凑了一两百人。我当时就想，要是给我们这帮人都圈起来不让回家了，会是一个什么结果呢？明天的市场还不乱了？这可都是撑着天的“腕”呀。可后来我转念一想，如果真是这样，肯定有100倍的人拥有了更多的机会，那样的市场将是多么的繁荣，也许就应了“创新”的话题，哪还敢懈怠啊，更别提沾沾自喜了，赶紧回去该干什么干什么去了。

那个时候大概是十年前，商业竞争就像是职业联赛，坐在替补席上的队员个个都跃跃欲试，期盼着场上的主力不是被踢躺下就是跑不动了……因为，每个人都知道，这个战场上除了机会一切都不重要。我们有那样的感受，是因为我们也曾是这样的替补队员，也刚刚上场不久；而那时的主力位置也只限于全国联赛，要是到了亚洲杯或者世锦赛连个替补的座位也没有。

今天，这场比赛已经不由我们决定变成了世锦赛，我们也作为国家队去参与国际赛场上激烈的争夺了。今年我们在上下产业链的整合、并购方面看得比较多，新媒体、游戏、动漫、院线几个方面都有关注。比如我们和Hello Kitty合作引进的“黑色城堡”等主题公园性质的项目，其实就是一个多媒体的游乐场。我们现在做的这些尝试，都是华谊在大娱乐文化概念上的一个扩充。我觉得华谊兄弟还是一个布局大娱乐、大文化概念的公司。

说到未来的目标，我习惯给自己一个很美的愿景，所谓的娱乐王国什么的，但这些都很虚。至于近几年的目标，最重要的还是做好产业布局，另外还是“创新”。眼下我们电影的票房份额那么高，我觉得该是天花板了吧，该怎么继续往上走？所以要换位思考：中国的电影里，我们的份额到这里了，但中国电影在全世界市场的份额又是多少？规模要继续发展，就得跳出去，比如拍英语片。英语片占全球电影市场的份额达六七成，我们哪怕在里面占百分之零点几，哪怕每年只拍一部一两亿美元级别的电影，要是能在全球预销两三亿美元，也不错啊。这就是所谓的布局。还有就是之前相对弱的部门要继续发展，比如电视剧。华谊的电视剧相对于电影而言显得比较弱，但我认为中国电视剧市场具备更大的能力和规模，通过两三年的布局，应该可以达到10亿元的销售额。电视剧对华谊整个产业链都起到了支撑作用，比如这几年我们的很多明星基本都是靠电视剧培养的，他们以后要能更进一步，就是能够走上大银幕成为一线明星。我觉得华谊的产业链布局已经基本形成，我们的明星经纪在国内门槛已经很高，第二家来复制基本没可能。

此外，我是看好新媒体的。以互联网为例，在10年前大家能知道互联网能够做出像百度、腾讯这种企业吗？我觉得三网融合肯定是让内容提供商越来越有优势，我们一定要有想法，只要中国知识产权保护好了，我们就有很大的空间了。我们影视作品的主流收入（影院票房、电视台播出版权）来源占95%左右，这个情况跟美国相比是倒挂的，美国大概主流收入30%，70%是其他后续授权（网络授权等）收入。如果我们其他授权收入也能够成长起来，比如《唐山大地震》主流收入卖了1亿美元，后续收入带来10%，就等于卖了1000万美元。这个是中国内容提供公司美好的愿景，但是不是公司能够掌控的，它得靠社会。

但我也看到，今天中国文化产业的整体水平与国家在全球作为大国崛起的影响力相比还是不匹配的，我们本土的行业领军企业与世界传媒巨头相比还不在一个数量级上，这是我们这一代文化企业的机会，当然也是历史使命。屈指一算，华谊兄弟已经走过了15年的道路，在这中间我们换了很多场地，进了很多球，当然也失过球；我们一直脚踏实地，但也不断地排兵布阵，勇于创新。今天写下这些，不是为了炫耀，而是为了争取明天的机会，未来“新十年”的机会。

何巧女　北京东方园林股份有限公司董事长

主要观点

优质的作品源于对客户的尊重、对行业的热爱以及对自然与生活的关怀与探索。

恋上园林

2010年，东方园林借力资本市场，实现了跨越发展，成功转型为城市景观生态系统运营商。自东方园林上市以来，在过去的一年时光里，我们经受住了资本市场的考验，取得了令投资者满意的业绩，市值从年初的58亿元发展到年末的207亿元。

圆明园的残骸并没有泯灭它在园林中辉煌的历史地位，我的梦想就在那里起飞：建造一座可以传世的经典园林。这是我的心与园林第一次交集所缔造的家国梦想，它始终激励着我，一路走来。

那时，园林产业未成气候，城市景观系统无人谈起，梦想的萌芽孤寂而顽强地等待着大时代背景中的一抹绚烂，一缕晨光。

机遇总是垂青有所准备的人。我们设计园林，缔造景观，让情与景完美交融，树与花轻声低语，山与水亲密倾诉……城市因而变得温柔，变得诗意，变得艺术，变得更有价值，这是我们今天家园的理想。

21世纪的舞台属于中国，世界瞩目。我们拥有最多的城市人口，最大的城市面积，最快的城市化建设，得天独厚的历史机遇，这些都注定了世界最大的园林景观公司会在中国诞生。能够打造全球最大的园林景观公司，造一座可传世的盛世名园，一切已不是梦想。我始终坚信，国际化的精英团队、艺术化的造园追求和精益求精的施工把控，必定会舞出一片辉煌的园林景观传奇。

优质的作品源于对客户的尊重、对行业的热爱以及对自然与生活的关怀与探索。东方园林和我愿与各位投资者一起，继续秉承“艺术造园，传世千年”的理念，肩负“让你身边的园林环境，艺术、生态地融入生活”的使命，努力打造时代精品，共同创造中国生态新城的明天。

黄　清　中国神华能源股份有限公司董事会秘书

主要观点

如果你不认可一家企业的商业模式、经营团队、资产质量等基本面，不愿意与这家企业同呼吸、共命运，就不要投资它，让你手中的资本流动到你最喜欢、能够给你最大回报的企业中去。

让大象飞

1978年中国经济开始从计划经济向市场经济转轨，30多年来，人口红利和体制红利，双轮驱动，使中国经济取得了举世瞩目的成就，GDP位居世界第二，人均GDP超过4500美元，中国已然进入中等收入国家行列。发展经济学告诉我们，此时，中国应该加快转变经济发展方式，否则，就有掉进“中等收入陷阱”的风险。因此，2011年是中国经济二次转轨的元年，具有重要的指标意义。

经济转轨就是以科学发展为主题，以加快转变经济发展方式为主线，对经济总量和结构进行调整，使中国经济从投资拉动向消费驱动转变，从出口导向向内需引领转变，从资源消耗、环境污染、人工低廉向资源节约、环境保护、民生改善转变，从低成本竞争向差异化竞争转变，使中国经济逐渐占据全球产业分工中价值链的高端、“微笑曲线”的两端。

在这个过程中，行业的分化会凸显，企业的竞争会加剧，丛林法则，优胜劣汰，不可避免，中国经济即将进入新的阵痛期。如何保持中国经济持续稳定健康发展，避免大起大落，历史的重任落在了中国经济中具有系统重要性的企业身上。这些“大到不能倒”的企业，也就是我们通常说的“大象”，必须勇于担当，切实履行好自己的政治责任、经济责任、社会责任，成为中国经济二次转轨的开路先锋，中流砥柱。

这些“大象”应该成为人类社会普适价值的实践者，而不是唯利是图、见利忘义的贪婪者；应该成为中华文明的传播者，而不是民族虚无的盲从者；应该成为具有品牌、市场、技术、人才优势的跨国公司，而不是滥用政策、地位、资源、资金优势的国内老大；应该成为战略性新兴产业的开拓者，而不是竞争性传统产业的垄断者；应该成为国家税收、民众就业的依靠者，而不是国家补贴、职工下岗的争议者。一句话，应该成为共和国企业大家庭中孝敬父母、关爱弟妹、甘心吃亏的长子。

神华集团是这样一头“大象”，它集煤矿、电力、铁路、港口、航运、煤制油与煤化工于一体，是跨地区、跨行业、多元化经营的特大型能源企业，也是全球最大的煤炭生产经销商。截至2009年底，总资产5300亿元，从业人员163745人，营业收入1612亿元，利润在中央企业中名列前茅，企业经济贡献率连续九年名列行业第一。2010年，神华集团位于“世界企业500强”第356位。

神华集团的发展战略是“科学发展、再造神华、五年实现经济总量翻番”，2011年是神华集团落实“十二五”规划的起步之年，神华集团将紧紧围绕“煤电油运”主业，为国民经济稳定运行提供支撑；同时，依托北京低碳清洁能源研究所，大力开发洁净煤技术，力争闯出一条传统能源清洁利用新路；新建煤炭储备分销基地，完善煤炭物流网络，充分覆盖市场煤客户，打造煤炭行业的“沃尔玛”；加强能源国际合作，与俄罗斯共同开发阿穆尔州的煤炭资源，拓宽利用国外资源的渠道；参与国内煤炭和电力的行业整合，发挥比较优势，实现低成本扩张；支持中国神华做大做强、又好又快发展，持续向其注入优质资产，最终实现整体上市。

作为神华的经营者，我们既时刻捕捉实现赢利性增长的机会，又审慎地评估风险。我们经常问自己：我们是否守住了自己的固有阵地？我们是否充分考虑了竞争对手会对我们的行动作出何种反应？在我们拥有稳固的领先优势的市场，我们是否充分考虑过如何随着市场的逐渐成熟创造价值，而不仅仅是获取价值？

人们很容易变得目光狭猛、骄傲自满，尤其是当他们处在一个成功企业中的时候。人们往往会将过去延伸到未来，假定自己会一如既往地成功下去。其实不然，我们必须善于观察并认真对待意料之外的蛛丝马迹，将它们作为深化神华发展战略的催化剂。成功是一个过程，而不是一个终点，这意味着，我们必须始终怀揣对事业的敬畏之心，尽心尽力、尽职尽责地工作，为出资人打好这份工。

2011年的投资机会前所未有，我希望投资者要像经营者选择工作机会一样选择投资机会，如果你不认可一家企业的商业模式、经营团队、资产质量等基本面，不愿意与这家企业同呼吸、共命运，就不要投资它，让你手中的资本流动到你最喜欢、能够给你最大回报的企业中去。

2011年是结缘“大象”之年，因为，“大象”的发展机遇大于挑战，“大象”的估值国内低于国际，只要投资者和经营者真心呵护，谁说“大象”不能跳舞？

肖志鸿　湖南天舟科教文化股份有限公司董事长

主要观点

在创新型产业领域中，人力资源的增长决定了产业价值的增长，可持续发展能力的增长更取决于创新智慧能力的增长。

民营出版传媒的新发展

作为一家来自文化大省湖南，并从事青少年出版物及文化产品生产的文化企业，天舟文化于2010年12月登陆创业板成功上市。这是中国资本市场迎来的民营出版传媒第一股，它不仅说明天舟文化在中国文化产业领域中所扮演的角色正受关注，同时是更大社会责任的赋予——天舟文化有义务在发展企业自身的同时，为中国青少年的快乐学习与健康成长贡献新的力量，为社会主义精神文明添砖加瓦。

2011年，是国家“十二五”规划的开局之年，文化产业已提升为国家发展战略和先导性产业。文化产业的发展壮大，必将提升我国的经济质量和水平，影响与改变目前经济发展的模式和方式。以传播先进文化为宗旨，全面服务于青少年的学习与成长的天舟文化，在资本助力的新局势下，其自身也进行了相应调整，在注重主营业务板块稳定增长的同时，正逐渐加强产业发展过程中的“临界型资源切入”与“跨界型资源整合”，大力促进文化产业与其他产业的高效融合，为国家“十二五”期间的文化产业进一步繁荣与发展奉献力量。

过去的七年，天舟文化从默默无闻的普通图书企业，发展到现在的“中国民营出版传媒第一股”，速度可谓惊人。国有文化出版类上市公司2008年平均增速为15%，2009年平均增速为13%，而天舟文化2007—2009年收入、净利润复合增长率分别达到48%和32%，2010年收入和净利润复合增长率高达50%以上。

政策上，作为国内民营图书首家上市公司，中宣部、新闻出版总署、湖南省政府充分支持天舟文化做大做强；管理上，公司管理团队优秀，上市后资金充裕，外延扩张顺理成章，预计未来3年复合增长率将在50%以上。我们认为自己的独特优势在于：1.把握了最关键的内容环节；2.与青少年需求爱好一致度较高，产品生命周期长；3.品牌化、系列化路线利于业绩稳定。

百尺竿头更进一步，为了文化产业更加繁荣的梦想，我们正在进行必要的转变：在创新型产业领域中，人力资源的增长决定了产业价值的增长，可持续发展能力的增长更取决于创新智慧能力的增长。2011年，在文化产业发展模式转变的前提下，文化企业的运营管理投入重点将大幅度向“人”的因素调整与转变。

因为各方面的原因，在逐渐缩小的单纯产品利润空间下，应该调整产品赢利的单一途径，实现模式赢利、方式赢利、原创内容核心价值最大化的转变。针对未来的文化产业而言，产品价值所包含的原创内容核心价值将越来越突出，怎样合理利用并开发产品所隐含的无形价值，将成为文化企业核心竞争力的检验标准。品牌运营者们将主导由单一原创内容加工向同一内容多元化价值开发的转变，即建立新的产品价值增值链。应这种转变的需求，品牌运营者们将对文化企业的组织形式进行对应调整，不仅适当考虑具体产业的类型与门类、产品的形态及消费方式，也灵活采用不同的资源配置形式。

内容提供的全新时代是以内容与平台结合的形式，以特色内容提升平台的综合实力，或以优质平台吸纳更加丰富的内容，来达到新兴文化产业的全新增长点。结合多元化增值内容、优质平台以及新的科学技术手段，在原创内容的多样化开发过程中规划并架构跨产业覆盖的全流程模式，实现文化创意产品与文化品牌的全方位开发。随着三网融合所带来的媒介渠道的日益丰富，内容企业的价值逐步得到认可和提升，而公司也将明显受益于内容资源的多元赢利能力。

良好的环境、适宜的土壤条件，是中国文化品牌得以茁壮成长的重要因素。相信在大家的共同关注下，在创新者们的共同努力下，中国文化产业的明天会更加辉煌灿烂！

胡子敬　湖南友谊阿波罗商业股份有限公司董事长

主要观点

随着社会保障体系健全、收入分配向低收入人群倾斜和城市化进程的加快等多种支撑消费行业的长期利好存在，抑制消费的因素逐渐消除，国内居民的消费潜力将会极大地释放，消费将迎来黄金发展期。

友阿股份：奥特莱斯连锁全国

过去10多年来，我国经济呈现持续稳定增长的趋势。在2003—2007年经济上升周期，拉动我国经济增长的驱动因素主要是工业投资和出口，最终消费率呈现持续走低的趋势。2008年下半年以来，为应对全球金融危机的冲击，降低我国经济对外依存度，政府启动4万亿元财政投资、宽松的货币政策以及扩大内需的相关政策，使得投资和消费保持同步增长，经济呈现企稳回升的势头。

国务院和商务部还出台了一系列搞活流通、扩大消费的政策，各地政府发放消费券的措施，不同程度地促进了零售行业的稳步发展。我国最终消费对经济增长的贡献率，7年来首次超过45%，社会消费品零售总额占GDP的比重连续下降6年后，在2009年首次出现反转。2011年1月，国家统计局公布的2010年消费拉动GDP增长甚至达到了3.9个百分点，消费占我们整个经济的比重日益提高。

友阿股份是湖南省连锁百货龙头。湖南省总体人均可支配收入在我国中部六省中位列榜首，2009年省会城市长沙达到2.02万元，相当于“北上广”等一线城市2006—2007年的水平；此外，省内相对较为发达的株洲、湘潭、岳阳等区域的人均可支配收入，也达到了一线城市2004—2005年的水平。这一收入水平的发展，将为省内各地区社会消费品零售总额增速保持在较好水平提供有力支撑，同时也表明湖南省居民尤其是城镇居民消费能力仍有较大挖掘空间，为公司百货零售主业的持续发展夯实了基础。

友阿股份自2009年上市以来，利用募集资金对旗下各门店完成升级改造、品牌结构的持续调整。早在2008年初，公司完成对友谊商店（A、B）馆的合并改扩建后，逐步引进了GUCCI、Cartier等国际一线品牌，从而带动了整个门店的销售增长，2009年和2010年三季度末，该门店收入分别同比增长52%和41%。

近三年来，友阿股份营收占长沙市规模以上百货总收入的比例近40%，未来两到三年内，我们有信心将这一份额增加到50%。接下来的几年我们都会持续调整百货业务，不断地提高区域的市场份额，不断地提高平均效益，不断地提高赢利能力，将友阿精品百货做成湖南的一面旗帜。

2010年我们先后启动了长沙和天津两个奥特莱斯项目，被资本市场誉为“A股首家奥特莱斯连锁上市公司”。奥特莱斯是英文Outlets的中文直译，实际上是品牌服装的工厂直销折扣店，由于其在零售商业中专门销售名牌过季、下架、断码商品，因此也被称为“品牌直销购物中心”。这种商业模式，在海外已盛行几十年，在上海等一线城市也大受欢迎。

但是我们绝不会盲目地照搬。现在有相当多的以直接购物为目的的消费者，逐渐加入到网络购物的队伍中去了。那么实体百货在发展中的优势与地位，须更强调网络购物所不能替代的部分，比如购物体验，尤其是集吃喝玩乐游购娱于一体的一站式购物体验，就成了实体购物与网络购物差别化竞争的撒手锏。

我们在长沙和天津的两个奥特莱斯，就充分地考虑了消费者的购物体验，投资建设了大量的娱乐配套设施，让消费者到这里不仅仅是来购物的，更是选择了一种新生活方式。

天津的一步，是友阿迈向全国的第一步。这一步走稳了，我们就会迅速把这种奥特莱斯连锁模式，拷贝到更多的符合条件的二、三线城市。我们的目标是，友阿股份要成为全国最优秀的奥特莱斯连锁企业。

2010年国家出台了“十二五”规划，提出“要加快形成消费、投资、出口协调拉动经济增长新局面”。规划首次将“消费”放在“投资”之前，意味着消费要在经济增长中发挥更大的作用，拉动经济增长的地位再次被确认。“十二五”规划坚持把保障和改善民生作为加快转变经济发展方式的根本出发点和落脚点，强调区域协调发展。随着社会保障体系健全、收入分配向低收入人群倾斜和城市化进程的加快等多种支撑消费行业的长期利好存在，抑制消费的因素逐渐消除，国内居民的消费潜力将会极大地释放，消费将迎来黄金发展期。

我们相信，搭乘“十二五”规划的政策春风，借助消费升级的时代背景，友阿这个品牌在大家的关爱下，定会走遍全国，服务神州。

姜天武　湖南梦洁家纺股份有限公司董事长兼总裁

主要观点

培养一个企业群体可以共同恪守的职业道德与价值观，比引进先进的管理体制、创新体制更为重要，也更有深远的意义和永恒的价值。

梦洁家纺：让爱走进更多的家庭

历史赋予我们机遇，在过去的2010年，梦洁家纺圆满登陆资本市场，这是消费者和投资者对梦洁事业的肯定与支持。梦洁家纺始终坚持爱家的人做爱家的事业，努力成为中国家纺行业最具价值的品牌，不断为股东创造价值。

中国家纺行业经过将近10年的较快成长，目前家纺消费与发达国家相比仍有较大的差距。随着我国居民收入的快速增长、消费观念的改变，未来家纺行业成长空间巨大。

在这里，我想和大家探讨一组数据：在发达国家，比如美国，家用纺织品占纺织品消费总量的比例高达39%，超过服装成为纺织品第一大消费领域，英、法等国的家纺产品消费量也都稳定在35%—38%之间。而目前，我国家用纺织品占比仅为12%，这种差距为家纺行业的成长提供了很大的发展空间。

我认为，目前，我国家纺行业还处于成长初级阶段，竞争格局主要表现为较强的地域特性和行业集中度低。截至2010年末，前五大家纺品牌的市场占有率尚不足5%，而发达国家均达到20%以上，所以未来的竞争肯定会加剧，行业集中度将会逐步提高。梦洁有信心在未来几年，快速成长为行业的龙头企业。

梦洁家纺的成功上市，标志着梦洁开始进入加速扩张期。为了实现平稳快速发展，我们将采取以下措施来保证：一是加速市场终端布局，每年计划新开门店约400家，逐步加大直营店和大店比例；通过新产品提价、直营和高端品牌“寐”牌收入比重上升，逐步提高毛利率水平，通过增加促销品和配套产品销售提高门店平均效益。

二是继续多品牌运营，尝试推出中高端“大家纺”策略。经过两年精心准备之后，我们于2011年年初，在湖南长沙推出了业内第一家高端“大家纺”集成店——梦洁美颂生活馆。2011年，这样高标准的梦洁美颂生活馆，我们将在全国一线城市建设10家，将“梦洁美颂”打造成属于梦洁的高端零售品牌，继续巩固梦洁在行业的高端地位。

三是逐步扩张产能，配合销售的高速扩张。

我相信，通过以上措施的实施，将推动公司进入全新的高速发展期。

在家纺行业，企业价值观尤为重要，而梦洁独特的爱家文化，也是帮助梦洁家纺继续高速发展的内在基石。在这里，我愿意和大家分享我对爱家文化的追求。

我做床上用品30年了，无意炫耀资历，我只是想说：我知道人们在选择每一款床品时，是多么在意面料、色彩、设计、花型、制作工艺……因为这里面承载着他们内心深处对家、对爱、对幸福、对温暖、对艺术、对美好的渴望，他们渴望最甜蜜的爱情，最幸福的婚姻，最完美的家庭。我非常热爱这份“爱在家庭”的事业，因为它是一项永续的、无限的事业，是一个可以代代相传且必须代代相传的事业。

我总认为我们的人生，我们的家庭，我们的事业，都是一个追求从优秀到卓越的过程。我常常庆幸自己在看到企业发展壮大的同时，更看到了企业内在的、充实的、健康的、完善的思想文化体系的形成。比如产品风格之后的产品内涵，管理体制之后的管理思想，规范条文之后的企业信念等等。培养一个企业群体可以共同恪守的职业道德与价值观，比引进先进的管理体制、创新体制更为重要，也更有深远的意义和永恒的价值。

因此，我们会去追寻最高境界的企业管理模式：爱，统领一切。因为，我们坚信，只要有爱，我们做一个有品格的人，很简单；做一个有爱心的人，很简单；做一个快乐的人，很简单；做一个好人，很简单；由一群富有爱心、具有品格的快乐的人来做一个百年老店，很简单。

我们就这样把关爱他人、最为顾客着想摆在第一位，没有豪言壮语，没有惊天动地，我们只是借着每一款精美的产品，每一幅画面，每一篇文字，每一个微笑，每一个行动……给顾客带去物质的体验和心灵的享受，让爱走进更多的家庭。

让我们彼此祝福：祝福更多的人都关爱家庭并享受到家庭之爱。梦洁，爱在家庭！！！

100位顶尖投资家的理财策略

第五部分

券商投资策略

- “千淘万漉虽辛苦，吹尽狂沙始到金”
- 股市有着自身的定价规律
- “补涨”行情的开端
- 投资：祸兮福所倚
- 差异化经营　券商的趋势
- 冲浪在新周期的浪潮中
- 憧憬中国证券市场下一个20年
- 中小板和消费品依然是投资热点

陈　耿　国泰君安证券股份有限公司总裁

主要观点

投资股市，需要保持良好的心态和灵活审慎的操作策略，尤其是在当前股市行情处于震荡不明朗的情势下。

“千淘万漉虽辛苦，吹尽狂沙始到金”

放眼全球，美国经济在保持温和增长势头的同时，三大隐忧——失业、房地产和债务问题仍未消除，欧债危机虽有所缓和，但长期走势还需拭目以待；而日本经济一直在低水平状态下运行，并存在着通货紧缩、就业压力；中国在2010年虽然面临着流动性过剩与通货膨胀的不利因素，但仍保持了10.3%的高增长，成为稳定世界经济和恢复增长的强大引擎与驱动力。在中国这一火车头的带动下，全球经济已走出最艰难时刻，并初步迎来复苏反弹的曙光。

作为中国经济晴雨表的证券市场，在历经20年的风雨磨砺之后再一次经历了结构性调整的洗礼，沪深主板市场历经一年的震荡调整直至收官仍未恢复到上年末的指数点位，中小板指数却屡创新高，2010年上涨1197.22点，涨幅达21.28%，创业板指数也从年中6月1日发布至年底收盘上涨137.66点，涨幅达13.7%，相对走出了一轮轰轰烈烈的局部牛市行情。大蓝筹跌跌不休，中小板、创业板却节节攀升，呈现出冰火两重天的态势。伴随着股市的跌宕起伏，广大投资者也历经了潮起潮落、震荡调整的股市人生，个人财富也相应增值或缩水。

步入2011年“十二五”开局之年，中央经济工作会议已明确积极的财政政策和稳健的货币政策的基调，信贷增长将比2010年有所放缓，但民间资本的活跃与居民消费的不断启动升级将成为经济稳定增长的坚实根基。加快发展方式转变，推进经济结构战略性调整已是启动在即，节能环保、新一代信息技术、高端装备制造、新能源、新材料和新能源汽车等七大战略性新兴产业发展规划也将全面启动，这些都有利于支撑起经济平稳增长的预期。与此同时，CPI与通货膨胀率的暂时偏高、经济结构转型过程中的阵痛以及外部热钱流入带来的冲击也将进一步加剧经济的不确定性。2011年的中国经济将在纷繁复杂的形势下继续高速前行。

就2011年的中国股市而言，由于货币政策较2010年趋紧，经济自主增长能力尚未全面恢复，故而证券市场出现大牛市缺乏基础；同时，伴随着积极的财政政策和新一轮消费升级的启动，经济已经从最坏的时期走出，出现大熊市的概率亦非常之小，更大的可能是在箱体内宽幅震荡。对于广大投资者而言，实现财富的保值增值是不变的追求和梦想。但是，投资股市既没有恒久的风调雨顺，亦不会出现永远的阴霾晦暗，“波动”、“震荡”是它不变的主题，个人财富既不会永远狂飙猛进，也不会片刻蒸发殆尽。投资股市，需要保持良好的心态和灵活审慎的操作策略，尤其是在当前股市行情处于震荡不明朗的情势下。

搏击股海，希望成功预测市场变化是每个投资者所向往的。然而，即使是对具有雄厚实力的专业性研究机构而言，洞察市场变化、把握利基机会已是殊为不易，况乎力量薄弱、信息匮乏又缺乏专业研究背景的普通投资者，战胜市场更是难上加难。这就需要投资者放眼长远着手长期价值投资或借助专业机构的力量。

投资股市，风险防范是第一位的，通过分散化的投资，在考虑资金流动性与安全性的前提下，达到预期的收益水平，进而实现资产的合理配置显得至为重要。每个投资者的年龄、家庭结构、财富水平均存在着个体差异，因而风险偏好与预期收益也迥然不同。

2011年恰逢“十二五”开局之年，这一年的市场状况注定是极为纷繁复杂的，“千淘万漉虽辛苦，吹尽狂沙始到金”，我也衷心祝愿广大投资者在经历了股市漫长的煎熬之后，在新一年里终有斩获，“钱”途光明。

蔡　咏　国元证券股份有限公司总经理

主要观点

从长期来看，股票价格都不会持续走高，都会调整下来，都会受制于供求关系。

股市有着自身的定价规律

2010年，虽然中国经济持续发展，财政政策保持积极，货币政策适度宽松，市场流动性极其充裕，上市公司赢利水平也快速增长，投资者的热情也很高涨，但是，我们谁也没有想到：2010年证券市场融资这么“给力”，屡创“新高”。全年证券市场直接融资2.76万亿元，其中股票融资0.94万亿元，债券融资1.8万亿元，创20年融资最高纪录，若以全年新增贷款规模8万亿元计，直接融资的比重已接近35%。“圈钱”之多，实在令其他国家资本市场自叹弗如，无法可比。

这一年，出现了全球最大IPO农业银行，打破了中国股市首发融资最高纪录，筹资685.29亿元；中小板和创业板均以超高市盈率发行，超募资金两三倍，创业板“新研股份”首发市盈率150.82倍，刷新历史纪录；中小板“海普瑞”IPO发行价148元，创历史发行价新高；限售股减持数量一波高过一波，大宗交易金额近900亿元，也创历史新高；2010年底，沪深两市百元A股17只，创历年来百元A股数量之最。

《史记·货殖列传》中记载着范蠡说过这样一段话：“论其有余不足，则知贵贱。贵上极则反贱，贱下极则反贵。贵出如粪土，贱取如珠玉。”意思是说，只要看商品是多余还是短缺，就能预见它的价格高低。价格上涨到极点就会下跌，下跌到极点就会上涨。价格高时要把商品如粪土一样毫不吝惜地抛售出去，而价格低时则要当珠宝一样快买回来。这段论述商品价格涨跌规律和生意经营之道的名言，何尝不可用来指导买卖股票、投资证券？

股市是最公平合理的交易市场，有着自身的定价规律，所有交易的股票价格都会在连续不间断的交易过程中得以充分反映。有的时候由于这样那样的原因，甚至于欺诈蒙骗，使得股票价格虚高或虚低，但最终市场会予以修正和调整，使其价格回归到合理的价格中枢，完全体现市场供求关系的定价机制。市场当中股票供应量激增或股价过高，不管市场中还有多少投资人在辛勤劳作，还有多少期待与执著；也不管宏观经济多么向好，货币政策多么宽松，流动性多么巨大，从长期来看，股票价格都不会持续走高，都会调整下来，都会受制于供求关系。我们对此要有清醒的认识和理性的判断，绝对不可盲目乐观，受到蛊惑，偏离了最基本的、常识性的认知轨道。

李迅雷　国泰君安股份有限公司首席经济学家

主要观点

2011年至少是“补涨”行情的开端。投资者可以在国内买商用地产，在A股市场买被折价的蓝筹股，在香港股市买很便宜的内地小盘股……

“补涨”行情的开端

我们先看M2在过去10年的增速，年均18%，累计涨了4.5倍，而CPI10年累计才上涨了23%，2001—2005年M2增速超过GDP＋CPI增速5.4个百分点，2003—2007年超过2.8个百分点，2008—2010年超过9个百分点。

因此，CPI的加速上涨，也可以看成是补涨。

当然，我们也可以解释为货币现象，但这种货币现象早就非常过分了，为何现在才发生呢？原因在于生产要素价格的提高，尤其是2010年以来劳工成本的提高，据估计，全国最低工资水平平均上涨了20%。而劳工成本的提高实际上也是补涨，因为自1992年经济开始超速增长之后，GDP增速高于人均收入增速平均每年达到2.9个百分点。

既然CPI要补涨、工资要补涨，那么我们是否该考虑一下哪些投资品种也存在补涨机会呢？

事实上，过去10年不仅是贫富差距不断扩大的过程，也是不少投资品的收益率拉大的过程。如全国住宅类房产在过去10年中平均涨幅达到5倍左右，黄金的涨幅也达到4倍，而古玩、玉器等稀缺品涨幅更是超过10倍。相比之下，商业地产涨幅不算太大，而A股的涨幅更是只有35%，相比H股过去10年涨了6.9倍，反映出资本市场的贫富差距在拉大。

既然如此，我相信今后10年这些具有投资价值、被低估的物业资产和证券资产，都应该有补涨的过程。

2011年，从宏观政策的角度看，经济确实面临收缩压力，从逻辑上看，似乎不支持资产价格的上涨。

但是，逻辑可以解释历史，却很难预知未来，因为逻辑很多，通胀无牛市是逻辑，中国股市是政策市、政策收紧市场不好也是逻辑，上市公司赢利增幅下降也是股市走熊的逻辑，但中国经济增长长期动力依然存在以及存在一大批价值被低估的股票决定了股市下跌空间有限，则是反过来看的逻辑。

于是，不同逻辑可以得出不同结论，如何选对逻辑，就是一种智慧或者博弈。笔者还是坚守价值投资理念，认为从长期看，价值一定能够实现，无非是时间的快慢而已。而过去10年涨幅过大的资产，肯定面临着泡沫风险，被低估的资产则有回归价值的动力。

所以，不管今年的货币政策如何严厉，通胀压力如何化解，还是认定2011年至少是“补涨”行情的开端。投资者只要有能力和财力，可以选择在美国或日本买房产，在加拿大买矿产资源类公司的股权，在国内买商用地产，在A股市场买被折价的蓝筹股，在香港股市买很便宜的内地小盘股……

总之，未来中国的崛起，需要大企业，需要国外的矿产资源，需要城市化的进一步推进，这个进程将带来低估板块的补涨。

苏彦祝　第一创业证券有限责任公司投资总监

主要观点

我们倾向于建议投资者采用先防御后进攻、防守反击的战略和绝对收益的投资理念。

投资：祸兮福所倚

2010年中国经济的宏观状况表现相当良好，延续了金融危机后一揽子刺激政策带来的强劲复苏增长；但2010年中国的股市并没有匹配经济的增长，以结构性的分化行情为主导，大市值主流板块更多地提前反映了强劲增长、宽松流动性带来的房价高涨、通货膨胀的压力。正所谓“福兮祸所伏，祸兮福所倚”。

2011年的主题词可能是“通货膨胀、地产调控、结构转型”。对通胀的判断将是影响全局的问题，我们认为若不采取有力的措施，通胀将是严重的、长期的，大致原因如下：气候变化带来的影响似乎是持续的，而并非像过去一样是偶发的，将较大地影响全球农作物的产量；由于人类工业消耗的不断扩大，多种资源品的供给弹性几乎消失，发展中的新兴国家将面临高价哄抢资源的困境；经过近30年的发展，中国的土地资源利用接近极限，表现为房价、地价的快速上升；中国的人力资源拐点基本形成，表现为基本劳动力价格快速上升。因此，将通胀理解为天气因素造成的一次性发作，可能失之偏颇。房地产调控在房价收敛之前将成为常态，房价是否在调控下形成拐点将极大地影响市场的表现。经济转型仍将是政府的另一重要出发点，因此在市场下跌中符合长期方向的消费、新兴产业将会再次迎来选择良机。

在市场的无形之手与政府的有形之手博弈之下，2011年的市场将可能比2010年更加复杂，我们倾向于建议投资者采用先防御后进攻、防守反击的战略和绝对收益的投资理念。这也是我们去年下半年推出的创金避险增值集合计划采用了投资组合保险——CPPI策略的主要原因。

祸兮福所倚。2011年的复杂市场，将会为未来的牛市打下坚实的基础。

薛荣年　平安证券有限责任公司总经理

主要观点

高度的同质竞争已将传统利润空间越发挤压至临界值，差异化的经营将成为未来券商实现可持续发展的保证。

差异化经营　券商的趋势

2010年是不平凡的一年，也是特别值得纪念和自豪的一年。30年改革开放，中国已经成为世界第二大经济体，取得了举世瞩目的成就；历经20年的发展探索，中国股票市场总市值跃居全球第二、商品期货市场成交量居全球第一；而随着创业板推出一周年，深沪两市累计发行家数500多家、总融资额近万亿元，创造了融资规模的历史新高。

中国资本市场正在拓宽融资渠道、促进资本形成、优化资源配置、分散市场风险方面日渐发挥出不可替代的重要作用，成为支持国民经济社会持续健康发展的重要平台。

波澜壮阔的21世纪第一个十年已画上句号。站在新一轮的起点，分析国内证券行业的发展趋势，可以看到：券商市场化程度越来越高，高度的同质竞争已将传统利润空间越发挤压至临界值，差异化的经营将成为未来券商实现可持续发展的保证。对于投行而言，也许未来3—5年，证券发行将由核准制过渡至注册制。

企业发行股票上市，由保荐机构申报，然后在中国证监会备案，不受数量的限制。券商对投资者负责、对市场负责，由证监会专司监管。那时真正考验投行的将是资产估值定价和股票销售能力，券商集中度会进一步提高，全国能做投行的券商可能不会超过30家，投行界将进入“销售为王”和“品牌至上”的时代。在这个变革的大时代，投资银行将如何在风起云涌的市场变换中体现差异化竞争？可从如下几个方面入手：

1．第一层的差异化是市场定位。投行有各自擅长的业务领域，比如中金、中信仍然以大项目为主，国信、平安、招商以中小项目为主，但现在这个区别越来越不明显，反而有相互融合的趋势。但毕竟融合需要时间，而各券商的市场主打项目、各自所依托的文化背景和发展的历史背景依然带有鲜明的特征，所以市场定位的选择要符合自身特点，适宜发挥自身优势，这才是合适、准确的定位。定位既定，就当扎扎实实、稳步向前推进，实现定位目标。不要随波逐流，不要好高骛远，不要轻易怀疑，也不要随意更改。而另一方面，也要避免故步自封，定位也要跟随发行政策的变化、资本市场的变化以及券商自身发展水平的变化，不断地加以检视与修正。总之，市场定位要适应自身发展的需要。

2. 第二层的差异化体现在服务细节上。正是由于投行产品品种同质化明显，服务才更为重要。简单说，我们要追求两个目标：一是在合规的前提下，让客户省心、放心、舒心，同等人力、物力的投入，我们所提供的服务品质就是要比市场平均水平高出一档，我们所卖的股票就是要比市场同类股票贵一些，不然客户为什么要选择你呢。二是坚持选择具备高成长性的客户，提高这些客户的忠诚度，建立战略客户圈子。未来这批高成长性的客户，就是大规模再融资项目、大规模并购项目的资源。

3. 第三层的差异化则要看增值服务。企业上市融资是手段而非目的，目的是为了更好地、持续稳健地发展，所以，如果我们在融资后能够提供更多的增值服务，那不但能够为客户创造价值，同时也给我们自己创造价值。以平安投行为例，我们可以利用平安集团金融控股公司优势，提供从保险到银行，从信托到资产管理，从投行到投资的金融系列产品的“一站式”服务；可以利用平安金融学院平台，为客户提供从销售人才到管理人才的全方位培训；可以利用平安几百万高端机构客户的资源，为客户提供上下游、同行业横向交流与沟通的机会，提供行业内并购的潜在可能；还可以利用平安集团高端客户俱乐部，为客户的个人股东和高管提供全球生活服务便利。这些都是传统投行之外的增值服务。

王珠林　西南证券股份有限公司总裁

主要观点

如果按照阶段高点来划分，A股市场在过去20年来基本上遵循3—4年一个周期的波动运行规律。

冲浪在新周期的浪潮中

周期就是一个有趣的重要规律，不论是宏观还是微观活动，不论是群体还是个体行为，都会或多或少地从相关的周期规律中得到诠释和预测。那些看似枯燥无味的时间序列数据实际上都是各种基本因素相互作用的结果。

在大周期中，人们较为熟悉和关注的是经济周期。作为一个处于发展初期、机制独特、容量巨大的新兴市场，我国面临的周期与西方显著不同：它持续的时间较长，对于主要行业的波动影响较为均衡，但是在每个周期中重点发展的产业和行业具有显著区别。

2010—2011年应当是一个新周期的开端。未来10年内，传统产业的升级转型、新兴产业的成长壮大、各行业的分化整合、企业产品与服务的更新换代将对投融资市场提出巨大需求，这些周期性题材无疑将创造许多重大的投资机遇。

预计2011—2012年，IPO和再融资额仍将在8500亿—9000亿元之间，企业国内外并购重组业务增幅不低于15%。尽管转型初期的经济增长和股市回报不会太高，但我们有理由期待在未来3—5年内经济和市场会再现一轮“艳阳天”。

汇率的强弱转换是大家关注但不一定了解的另一个大周期。尽管美联储二度量化宽松，但2010年年底美元仍然开始走强，这可能就是一个拐点信号。

小周期方面首先关注政策周期。在所有经济调控工具中，利率政策最引人注目。自2010年10月起，央行已经开始了20年来第三个加息周期。在中国这样一个庞大复杂的经济体系中，要想改变其结构配置和要素价格的运行趋势，不经过2—3年时间是难以想象的；至少到2012年之前，利率再度下调的可能性应当不大，政策偏紧的局面难以改变。因此更多投资机会存在于政府鼓励的产业和行业之中，比如高效农业、环保节能、新能源和新材料、高端装备制造等。

其次是行业周期。求新创新一直是社会进步的原动力。金融危机之后，政府推动结构转型和鼓励创新，新能源、新材料、新技术和新模式成为唯“新”时代的“地标”。

目前看来，A股市场上的新概念行业或企业的孕育期多数偏短，企业前期投入不足，实际成果较少，上市时呈现给投资者的更多是概念与预期。在政策支持与流动性过剩的环境下，多数板块提前进入了爆发期，股价显著透支了未来增长。到2010年年底，新概念板块平均市盈率67.5倍，远高于A股市场19倍左右的平均水平；而净资产收益率平均7.5%，显著低于11.5%的市场均值。如果2011年业绩仍然落后，潜在的价格虚高风险就会释放。

聪明的投资者懂得避开爆发期的“新星”，认真发掘仍处于孕育期的潜力企业。我们的唯“新”思路仍可延续，但是需要增加“可行”性作为必要条件；新的技术或模式不光要在理论上经得住推敲，更要在实践中得到验证，不光专家说“行”，还要用户说“行”。我们可以概括为：“唯新”主义辅以“行”而上学。

最后是股市周期。除了经济、业绩、政策等因素，造成周期的重要原因是资金进出、投资者情绪转换和更新换代。如果按照阶段高点来划分，A股市场在过去20年来基本上遵循3—4年一个周期的波动运行规律；每个周期之间还存在着一定的相互联系：前一个周期结束时的涨幅较高，随后一个周期结束时涨幅可能较小。

比如1993年至1997年第一季度，上证指数涨幅由143%波动跌至-24%，再攀升至122%；随后周期结束时的涨幅为52%。而在2004—2007年周期中，指数涨幅由15%跌至-33%，再猛升至217%，两端严重失衡；既为后面的暴跌埋下伏笔，也制约了本次周期的涨幅空间。本次周期大约还有一年时间，虽然难以再现2009年第四季度同比80%的涨幅，但总体好于2010年应该是大概率事件。

胡继之　国信证券股份有限公司总裁

主要观点

未来20年，随着金融行业的进一步发展和民众投资理念的成熟，中国证券市场一定会迎来一个全面的繁荣时期！

憧憬中国证券市场下一个20年

改革开放使中国的经济实现跨越式发展，人民的生活水平显著提高，投资理财的需求不断增长。目前，中国经济总量雄踞世界第二，金融资产总量已突破人民币100万亿元，约占全球金融资产总量的7%；其中银行业资产总量92万亿元，保险业资产总量5万亿元，证券业资产总量2万多亿元，基金业管理资产规模2.5万亿元。2010年全年，全国100多家证券公司为1.3亿个开户投资者提供了约30多亿笔交易服务，总金额达50多万亿元。这些数字在5年前都还难以想象。

在中国资本市场多项总量指标进入世界前列的同时，证券中介机构也逐渐成为市场最重要的主导专业力量之一。过去20年，证券行业经历了从无到有、从小到大、从大到强、从强到优的曲折发展过程。过去20年，证券市场的每次大起大落、每个重大事件的背后，都伴随着行业成长的阵痛。

近年来，通过综合治理和分类监管，证券行业的服务水平和专业化程度得到大大提升，相关法律法规的逐步完善使规范的投融资环境得以建立，各类市场主体基本实现专业分工下的密切合作，为个人投资者、机构投资者和融资企业提供了一个公开透明、有序竞争的金融生态环境。

作为一线经营者，我观察到了证券行业在几个方面出现了脱胎换骨的变化。首先，证券公司强化证券中介职能奠定了行业生存发展的业务基础，证券经纪、保荐承销、资产管理、研究咨询等成为能给各自客户提供独特专业价值的核心业务。

其次，证券公司普遍实行了对经营活动的过程管理，对业务运作的量化管理，对资本约束的业务规模、边界和比例管理以及从业人员行为管理，为各类业务的规范开展提供了制度和管理保障。

其次，行业专业水平、服务质量和创新发展能力在证券从业资格、任职资格和各项业务资格制度推出后大为增强，职业经理人、证券分析师、保荐代表人、注册会计师、注册律师等等，已经成为为客户创造价值的专业力量，行业整体形象随之明显改观。

此外，证券公司还纷纷建立了以客户为中心的市场意识，主动改善客户服务体验，成就客户价值成为一切经营活动的目标。大量旨在挖掘和满足客户需求的营销活动接踵而至，各类新业务和增值服务层出不穷，创新氛围空前活跃。

以上的种种转变，使中国证券业基本完成了资本市场的制度设计并解决了若干历史遗留问题，形成了规范有序、健康稳定的良性发展局面，非常令人欣喜。

当然，我们也要清醒地意识到，面对中国经济的崛起和社会财富的大量增加，证券行业自身的规模还比较弱小，证券公司服务国民经济的能量相对偏弱，提供的服务还不够精细。接下来的若干年，包括证券行业在内的价值链上下游所有参与者需要共同回答的问题是“如何推进资本市场规模的进一步扩大”、“如何提升资本市场服务国民经济的能量”和“如何在国家富强、民族复兴的伟大历史进程中更好地发挥资本市场的作用”。在此背景下，证券行业肩负着重大的历史使命。

我们正处在国家富强和民族复兴的伟大时代，这也是一个充满挑战、日新月异的时代。自然经济是以千年为数量级变化单位，工业经济是以百年为数量级变化单位，信息经济是以十年为数量级变化单位。经过前20年的探索和思辨，中国证券行业已经走上了良性发展的轨道。庞大的国内金融资产规模总量和证券业占比尚微的结构特征，预示着证券市场未来巨大的发展空间。我相信，未来20年，随着金融行业的进一步发展和民众投资理念的成熟，中国证券市场一定会迎来一个全面的繁荣时期！勇立潮头的投资者们也必然将从证券市场的发展中收获丰硕的财富回报！

单蔚良
申银万国证券股份有限公司资产管理部总经理

主要观点

A股全年将呈现前低后高的走势，指数区间为2600—3800点。

中小板和消费品依然是投资热点

还是回到A股市场，谈点自己熟悉的事。2011年开年的这轮调整，其实并没有太出乎意料。决定股票价格的，主要有两个因素：长期，是基本面；短期，是供求关系。近期，货币紧缩，新股频发。

基本面无非两个方面，一个是宏观经济环境，一个是证券市场自身的环境。从宏观环境看，内外部环境都在向好的方向发展。所谓好，就是确定性在增强。从国内来看，2010年GDP实现了10.3%的增长，权威机构对2011年最悲观的预测，也不低于8.5%。政府固然是在紧缩货币，但是，这个紧缩的前提是，M2在过去20年增长了39.6倍，年复合增长率达到了21.36%。长期超额投放之后的适度回笼，无可厚非。从市场自身看，当前全部A股的平均静态市盈率约为15.6倍，已接近998点时的15.3倍，仅高于2008年1664点时12.3倍的历史低点。考虑到2009年、2010年GDP分别增长了8.7%、10.3%，现在A股的市盈率即便相较于2008年，也无特别的高估。我倾向于认为，当前的点位，基本就是2011年全年的底部，A股全年将呈现前低后高的走势，指数区间为2600—3800点。

然后说品种，我倾向于认为，2011年的热点依然在中小板和消费品。在通胀高企、宏观调控、经济结构转型的大前提下，市场难以发动大的行情，只存在结构性的机会。而这个结构性机会，就存在于政府大力支持的新兴产业＋消费之中。在货币紧缩的前提下，大量消耗资金的权重股通常很难成为发动行情的排头兵。权重股倘若有机会，也基本是在市场活跃度达到一定程度，指数上涨到一定幅度，权重股相对更加便宜而导致的估值修复行情。我估计，大约在秋冬季。

投资，最大的敌人永远是自己。市场的表现形式或许纷繁复杂，但是，自己得有主心骨。

方向生　平安证券有限公司投资银行副总经理

主要观点

能否发现伟大公司是我们今天的课题，努力建设并不断更新价值评价体系，科学识别公司成长的驱动要素是我们的功课。

发展的欣喜，成长的烦恼

当美国政客在叫嚣“中国威胁论”的时候，我们欣喜地理解了发展模式中坚持独立性的意义。别人不能拿我们怎样，但环境却更加复杂；当万丈高楼如雨后春笋般地生长的时候，我们欣喜地发现城市化进程远比意想的快。房子成了投资品，刚性需求却无法满足。

当国际巨头“百美元电脑”项目已被遗忘时，我们欣喜地发现华强北随处可见。我们创造了全球最先进的制造体系，但无法摆脱创新缺失的讨伐声。

当中小企业IPO数量领先全球时，我们欣喜地发现产业结构正迅速优化。百亿财富一夜起，但更难平衡大众的消费观。

当我们展现全球最先进的证券交易系统时，我们欣喜地感受到资本市场的发展进程。交易活跃，却无法掩饰信用缺失。

当市盈率不断冲击感官时，我们欣喜地认识到优势企业的成长性和投资者的预期。企业价值鱼龙混杂，忽略自身价值识别能力不足。

这是充满机会的年代，产业迅速集中，企业快速成长，创新不断呈现，我坚信未来十年中国将不断涌现国际领先公司。

能否发现伟大公司是我们今天的课题，努力建设并不断更新价值评价体系，科学识别公司成长的驱动要素是我们的功课。

不去抱怨，不去讨伐，所谓“独善其身，兼济天下”，按现在的话叫归位尽责，相信市场才能把握市场给予的机会。

张玉忠

国金证券股份有限公司投资银行总部总经理

主要观点

多层次资本市场的构建，加之投资回购条款等技术保障，使得个人创投正默默进入黄金期。

个人创投的黄金期

毫无疑问，创投正成为个人理财最具吸引力的方式之一。

2010年，A股新股发行共349家，创单年历史纪录；平均每个交易日约有1.4只新股发行，合计直接从股市融资近5000亿元；各板块上市家数中，创业板117家，中小板204家，沪市主板26家。截至2010年10月22日，创业板97家创投机构平均投资回报达10.82倍。

初步预计，2011年仍将保持较为密集的发行节奏，创业板、中小板仍是众多企业首要的上市选择，主板的新股上市可能保持相对弱势。此外，国际板可能正式提上议事日程，“新三板”极可能正式试点扩容。

新的保荐制实施以来，一家企业的上市至少要经过三道门槛：第一道门槛是法定最低标准。第二道门槛是保荐机构的立项、内核。第三道门槛是证监会的核准。

能经过这三道门槛而挂牌上市的企业无疑是全国众多企业中的佼佼者。只要价格合适，时间相对不长，投资能经过这三道门槛的企业自然会回报丰厚。个人选择投资项目的难度并不如想象中的那样难。从你所在公司所处的行业开始思考，该行业有良好的发展前景吗？该行业最优秀的企业有哪些？说不定，你服务的公司正是潜力股之一。“新三板”、创业板、中小板、主板，包括海外上市，都可以成为投资的退出渠道。多层次资本市场的构建，加之投资回购条款等技术保障，使得个人创投正默默进入黄金期，创投性质的“张三”、“李四”将越来越多地赫然名列上市公司前十大股东名册。

冉　云　国金证券股份有限公司董事长

主要观点

资本市场与区域经济发展是密不可分的。

加快西部资本市场发展的建议

资本市场与区域经济发展是密不可分的。一是资本市场可以更好地引导区域间资本流动，提升直接投资比例，从而使社会投资达到更高的水平。二是资本市场能将资源配置到市场最需要的地方和效益最佳的项目上，因而提高社会资源的配置效率，推动资本生产率和区域经济增长率的提高。三是在聚集资源和配置资源的过程中，资本市场可以分摊与单个投资项目相关的成本和风险，因而能给投资者提供更明晰的预期收益。

多年来，上海、广东、浙江、江苏、山东等地区充分借助资本市场，尤其是证券市场的融资功能，极大地促进了地区经济的发展，对新一轮的西部大开发有良好的借鉴意义。

国金证券建议从以下方面加快西部资本市场发展：

一、制定资本市场发展规划，加强政府引导与协调，营造良好的市场发展环境。

发展资本市场的基本方针是：政府引导、统筹规划、积极推动、规范发展、强化信用、优化环境。

结合国家政策导向和多层次资本市场建设规划进程，集中西部各省、区、市政府有关部门的人力物力，适当吸收部分证券、金融机构的专业力量，做好多层次资本市场发展规划。完善市场体系，推动资本市场对外开放，促进产业资本与金融资本相结合、资本市场与货币市场协调发展。推动上市公司和证券期货经营机构等市场主体健全机制，规范运作；按照“公开、公平、公正”原则，依法保护投资者特别是社会公众投资者的权益。

二、支持优质企业改制上市，利用资本市场加快发展。

近年来，一批国内传统龙头行业或优势企业走出了低谷，经济效益大幅度提升；同时，一批具有蓬勃生机、成长性良好的中小企业快速成长起来。随着业绩的快速增长，这些新老企业大都具备了上市融资的条件，有必要作拟上市的重点培育。建议各级政府及其有关部门重点加大对符合产业政策、具有发展优势的各类优质企业改制上市的协调、支持力度，指导企业改制规范运行，鼓励支持其上市。加大对改制上市企业的政策扶持，降低企业改制上市成本。

三、支持上市公司做大做强，培育一批龙头支柱企业，推进上市公司实质性重组，实现可持续发展。

鼓励和支持上市公司创新资本运作模式，帮助其迅速发展壮大。推动由集团企业部分改制而来的上市公司，采取吸收合并、定向增发等方式实施集团资源战略性整合，实现集团整体上市；支持主业突出、竞争优势明显、融资能力强的上市公司，收购兼并同行业上市公司和非上市企业，或以资本为纽带进行强强联合，不断拓展规模经济优势；支持发展势头良好、符合条件的上市公司，通过配股、增发新股、发行可换转债券等形式，扩大融资规模，实现低成本扩张。

四、培育本地金融机构，利用专业优势推动资本市场发展。

利用资本市场推动区域经济发展，不但需要地方政府、主管部门的指导和支持，更需要一批能够快速反应的中介机构团队，高效、稳定地提供全面深入的专业服务。证券公司、产权交易市场、股权投资机构等都是其中的重要成员。

从国内的现状看，大部分金融机构都集中在北京、上海、深圳等经济发达地区，虽然在西部也开展业务，但投入的资源相对偏少，人员也不稳定，没能实现服务“落地”。针对这一情况，一方面政府可以通过政策扶持吸引金融机构落户、培育其成长，另一方面可以通过建立中介机构库，遴选一批实实在在为区域经济、区域企业服务的中介机构入库，每年进行评比筛选，在中介机构中形成一种良性竞争与淘汰机制，促使其提高业务能力与服务水平，真正实现金融机构的“落地”。

国金证券投资银行在短短4年间，业务范围已覆盖了主板、中小板和创业板等各个板块，取得了良好的业绩。接下来，国金将进一步帮助西部企业上市融资，以更好地服务于西部经济，为新一轮西部大开发贡献一份力量。

王金明　光大证券股份有限公司创新融资部总经理

主要观点

中国IPO的发行已经越来越市场化，行政干预控制发行节奏和发行价格的管理手段已经成为过去。

IPO红火延续

2010年中国IPO市场辉煌的一页翻过去了，沪深A股市场全年融资额创历史新高，列全球第一。

中国经济快速发展，越来越多的优秀企业符合上市的条件。中国IPO的发行已经越来越市场化，行政干预控制发行节奏和发行价格的管理手段已经成为过去。因此，可以预见2011年的中国IPO市场依然会延续2010年的红火。

银根的紧缩、存款准备金率的上调以及贷款利率的提高，会刺激企业直接融资的需求，企业债券市场、上市公司可转换债券以及上市公司的再融资都会比2010年规模大。同时，中小板和创业板的定位会更加清晰，创业板将会迎来更多非传统行业的公司、更多高成长的创业型企业，但同时投资风险也会加大。

2011年随着国家“十二五”规划的实施，新兴产业的发展将会提速，随着经济结构的调整，行业并购的机会将会越来越多。多层次资本市场的建立也将会在2011年破题，“新三板”市场很有可能会在现有中关村科技园区的基础上，扩展到全国其他符合条件的国家级高新技术园区。做市商制度以及允许个人投资者投资“新三板”，将会极大推动尚不符合上市条件的高新企业先到“新三板”挂牌，在发展符合条件时实现转板。其他区域场外市场的建立也将会越来越规范。国际板的准备工作也将会取得实质性的进展。

2010年出现的高市盈率、大量超募资金的现象，2011年将会得到抑制。新股的频频破发，会导致新股申购热情的降低，投资者会更加理智地、有选择地申购新股，IPO也有可能出现券商包销的现象，市场的作用会让发行人、保荐机构以及机构投资者合理定价。

王红舟　方正证券股份有限公司总裁

主要观点

中国政府是一个强势政府，拥有绝对的资源调配能力，在中国做投资，一定要跟着国家的政策导向走。

看好A股市场

中国政府在2010年出台的一系列经济政策以及因此对资本市场带来的巨大影响，需要放在中美大国博弈的大背景下才能看得更加清晰。

为应对和阻遏汹涌的热钱，避免人民币升值过程中出现恶性资产泡沫，给实体经济带来毁灭性打击，中国政府出台了一系列措施，这些政策从宏观上看还是比较有效的。而A股市场不幸沦为全球涨幅倒数第三，可能是为保持经济整体平稳而不得不付出的代价。

2011年美国经济已有好转迹象，中国经济也已渡过最困难的关口，加之A股主板市场正处于历史低位，因此，我个人比较看好2011年和2012年A股市场的走势。投资者在未来的证券投资活动中，请多关注以下三点：

第一，投资要听党的话。中国政府是一个强势政府，拥有绝对的资源调配能力，在中国做投资，一定要跟着国家的政策导向走。2011年是“十二五”规划的开局之年，所以投资者应该到“十二五”规划所倡导的经济发展领域中去淘金，类似有助于扩大内需的消费行业，新能源、环保等新兴战略行业，高铁建设等基建行业等等，都将是可以重点关注的投资机会。

第二，技多不压身，要学会运用新型投资工具。投资者要不断熟悉和运用新推出的融资融券、股指期货等投资工具，把握套利机会，以求在平衡市中也能实现较好的投资收益。另外，投资者还应该学习和掌握西方成熟市场中行之有效的数量化投资理念和方法，以尽量减少主观情感对投资决策的干扰，提高投资获胜的概率。

第三，相信专业，相信证券公司、基金公司所推出的理财产品。金融企业的本质是“帮客户进行财富管理”。

高善文　安信证券股份有限公司首席经济学家

主要观点

在经济偏冷格局下，通货膨胀加剧的主因是中国经济正在走过“刘易斯拐点”。

劳动力结构变化是中国经济最主要的挑战

2011年初，决策者和市场参与者都必须考虑的一个现实问题是：中国经济目前的总体形势如何？大多数人都认为表现出色：中国不仅成功应对了金融危机，而且看起来将成为后危机时代全球经济增长的主要动力之一，将重塑东亚甚至全球的经济版图。

但是中国经济目前实际上面临着多重挑战，对这些挑战的回应将塑造中国未来十年经济发展的主线。而我们目前对重重挑战的认识可能还需要进一步深化，对挑战的回应也需要进行更为系统的准备。应对成功与否，将对中国未来的经济发展产生不容忽视的影响。

2011年中国经济面临的重大挑战之一是通货膨胀水平的跃升。目前物价上涨的形势无论是在统计数字上，还是在日常生活的感受中，都已经非常明显了。对目前通货膨胀成因的判断多种多样，病因不同，政策药方也就不同。

无论是天气灾害、投机炒作，抑或央行钞票发多了，有识之士都会认为客观条件和外围环境再坏不会比2008年更坏，而宏观调控者积累了经验，吸取了教训，主观条件比2008年更好。沿着这一思路去看，我们从目前的中等增长、高通胀切换到高增长、低通胀恐怕就是2011年下半年到2012年的事情。但情况会这样顺利发展吗？

我们仔细地考察了很多证据，认为本轮通胀的成因更为复杂、深刻，是一个长期的严峻挑战在短期内的“症状”。 2010年7月份以来，以食品价格为主导的一般消费物价指数快速上升。回顾历史，这是过去30年来唯一没有伴随经济过热的通货膨胀。这种差异意味着本轮通胀的根源，相比历史其他时期可能存在明显的不同。

在经济偏冷格局下，通货膨胀加剧的主因是中国经济正在走过“刘易斯拐点”。中国的劳动力，特别是低端劳动力正在变得越来越短缺，因此将逐步推升劳动密集型产品的价格。劳动密集型产品范围很广，猪肉、蔬菜等食品是其中的一类，而食品通胀历来是中国CPI波动的主要贡献者。因此在经济没有过热的情况下，通胀如此之高，食品价格涨得如此猛烈，也就不难理解了。

这种跨过“刘易斯拐点”的情况虽不常见，但也不是中国独有，日本、韩国等国都经历过。从它们的经验看，恐怕会持续十年左右的时间。在此期间货币政策和行政措施往往仅能将通胀稳定在一个较高的平台上，例如5%的水平，不使它经常地突破两位数，引起经济和社会的不稳定。因此，中国跨过“刘易斯拐点”引起的一连串后果，将是中国经济面临的一个长期挑战。

换一种角度来思考，劳动力逐步紧张的趋势形成，意味着经济的潜在增速在逐步下降。尽管在未来5—8年内，中国经济的潜在增速处在一个不断下降的趋势之中，但并不意味着经济的表面增速同步地缓慢下降。这种原因来自人们对经验的依赖，可以视为索罗斯所称的“反身性”的一个现实例证。

未来几年，中国会有新一轮经济周期的启动，随后会出现一定的经济过热。现在在经济并没有明显过热的条件下，通货膨胀已经到了5%以上的水平，那么维持现有的趋势和政策，在未来经济过热的条件下，通货膨胀短期内达到两位数是不难想象的。

在高通胀的刺激下，非常严厉和急速的紧缩政策是不可避免的。在那样的条件下，资产市场将会承受显著的压力。考虑到房地产市场的高估和地方财政（特别是地方融资平台）的潜在脆弱性，经济硬着陆，并引发更大的经济、金融问题的可能性值得警惕，目前政府已经采取了很多措施来削减、对冲这方面的风险。

总的来看，劳动力结构的变化是中国经济未来几年中最主要的挑战之一，如何应对这一挑战，则将对中国经济和资本市场的未来产生深远的影响。是掉入中等收入陷阱，还是迸发出技术创新的澎湃动力，将经济增速反而推至新的高度？这都是有待时间来验证的。

孙方红
平安证券有限公司综合研究所宏观经济首席研究员

主要观点

2011年的市场将是一个波动上行的市场，指数上行的幅度不会很大，但波动的特性更强。

市场波动上行，结构性机会仍在

首先，通货膨胀形势的变化将是牵动市场神经变化的主要因素之一。一方面，2010年通货膨胀形势持续以超预期的态势发展，引起了全社会的广泛关注，央行的货币政策也因此进行了多次调整，市场对政策趋于紧缩的预期不断强化，造成市场波动；另一方面，通货膨胀如果不能得到有效控制，那么要素成本的持续上涨将导致企业赢利增长受损，并最终影响经济增长。因此，在当前通货膨胀率没有得到有效抑制的情况下，市场对于政策紧缩的预期和对企业赢利增长的预期都将存在疑虑，也会带来市场的波动。

尽管如此，我们对2011年通货膨胀率的判断是，总体水平将高于2010年，在4%左右，但形势可控。原因在于：（1）2011年的翘尾因素（或基期因素）的影响较大，全年达到2.66%，也就是说，即使2011年没有新涨价发生，通货膨胀率大约也会达到2.66%，上半年的翘尾因素影响更达到3.4%，因此，上半年的压力更大，而下半年趋缓；（2）从当年新涨价因素看，一般每年季节性（节假日）因素带来的涨价影响是比较明显的，年底、年初是涨价压力最大的时期，因此，从这个角度看，2011年上半年特别是第一季度，通胀水平还会走高；（3）从国际价格输入性因素看，当前主要农产品价格、国际油价和钢铁等大宗商品价格上涨势头仍劲，短期压力还是比较大的，另外劳动力成本的持续提升也会在一定程度上加大通胀压力；（4）如果说这轮明显的通货膨胀的发生是和货币供给大量增加有关的话，那么我们可以判断，我国通胀压力将在数月后逐步趋缓。一个重要的依据是，央行多次存款准备金率的提升和信贷控制，导致我国货币供应增速持续下降，M2的同比增速从2010年初的26.1%下降到12月的19.7%，M1从39%下降至21%。历史数据告诉我们，当货币供给速度持续下降，通货膨胀率亦将回落。

总之，基数原因和各种新涨价因素将抬升全年的物价水平，但随着2011年货币供应量增速的回落和经济总规模的扩张，前期货币发行因素对物价的影响会逐步减退。从全年走势来看，大约是上半年压力大，个别月份CPI有可能超过5%，第一季度是关注的重点；基数和货币供应增速双回落的效应，将使下半年的通胀形势趋于缓和。

其次，国内流动性的变化将决定市场的高度。目前我们看到，货币供给增量趋于减少，但市场扩容仍在继续，因此，2011年需要审慎判断市场资金面对大盘的支撑力。从影响市场资金供给的角度看，货币供应增速的变化反映了经济体资金的供给增量的变化状况，目前是趋于下降的，在上面已经提及。海外资金流入和居民储蓄搬家的规模是市场资金增量的另外两个来源，如果这两个部分增量很大，对市场的上行就会具有重要助涨作用，但目前这两部分资金的动向具有较大的不确定性。因此，总体资金规模依然巨大，能够保证市场的活跃度；但是，由于2011年市场的扩容速度不会放缓，资金的需求量持续增加，对股价的上涨空间带来制约。

最后，国内经济基本面决定了市场向上的大方向，对市场具有较强支撑；国际经济形势的演变有较大不确定性，会带来市场预期的阶段性变化。国内经济增长总体形势良好，结构调整仍将主导全年的经济活动；而国际经济也处于逐渐温和复苏之中，但许多矛盾依然尖锐，还具有较大的不确定性。从国内经济增长的基本面看，随着"十二五"规划的逐渐铺开，新的增长动力将在结构调整的推动下逐渐露出端倪，2011年处于新一轮经济增长的初期阶段，其特点是，结构调整加速，总体需求扩张相对有限。

综合上述对政策、流动性和经济增长基本面的分析，个人认为，2011年的市场将是一个波动上行的市场，指数上行的幅度不会很大，但波动的特性更强，不会产生大的市场泡沫；市场的活跃度应能维持，因此结构性机会依然存在。

何宽华

广发证券股份有限公司投行业务管理总部副总经理

主要观点

如果将IPO市盈率设定一个指数的话，我相信现在的IPO市盈率指数相当于6124点的点位，它必然会有一个回归的过程。

市场化运作治理IPO“三高”

IPO“三高”现象是怎样造成的？很多人将其归咎于目前的市场化改革，我认为是有失偏颇的。

最根本的原因是我们的整个市场环境。自2009年以来，虽然指数是下跌的，但我们看到中小板热点层出不穷，投资人对中小企业尤其是新兴产业表现出了极大的热情。目前的IPO价格表现与二级市场的行情表现是基本一致的，不能认为IPO的“三高”现象是一个独立的问题，要把这个问题放在整个大环境中来考虑。

现在有很多评论，指责投行和发行人联手吹泡泡，询价对象不负责任等。我觉得有不公允的成分：从发行人的角度看，最大化地利用市场来提高其筹资效率，本来是无可厚非的。从询价对象的角度看，以合理的价格去拿到股票，换取合理的投资收益，也是理性选择。而投行作为联系这两者的纽带，其职责是要在这两者之间取得平衡。问题是投行如何去选择这个平衡点，理性的选择是取得发行人和投资者之间一个较为微妙的平衡，即这个价格要让两者都能接受，如果能够以不是太高的超额认购倍率将股票卖出去，就算是成功的。而我们现在通常认购倍率都在100倍以上，因此就很难理解为何大家还觉得发行价高。有那么多人愿意买，我们还能指责这个价格定得高吗？

IPO“三高”会否持续？我认为不会。如果将IPO市盈率设定一个指数的话，我相信现在的IPO市盈率指数相当于6124点的点位，它必然会有一个回归的过程。

在市场化的环境下，投行的定价能力一定会在长期里得到检验。投行心里一定要紧绷着避免包销的弦，此外，也要重视自己的口碑，避免出现承销的股票出现大规模包销的情况，这不光是投资者的要求，也是发行人的要求。

龚小祥　东海证券有限责任公司资产管理总经理

主要观点

国内M2超发导致流动性过剩、美元量化宽松导致输入型通胀、劳动力价格上涨这三个因素是导致物价持续上涨的主要原因。

消费将是经济最大动力

2011年是经济形势相当复杂的一年，我们要在美元贬值、人民币升值趋势中，完成房地产调控、抑制通胀的同时要进行经济结构调整，为“十二五”规划的顺利完成打好基础。“十二五”规划以及2011年中央经济工作会议中都已经提到：要坚持把经济结构战略性调整作为加快转变经济发展方式的主攻方向。

从消费来看，消费将是“十二五”期间拉动经济的最重要动力。《“十二五”规划建议》提出“十二五”期间主要目标为着眼提高经济社会发展质量，将致力于调整经济结构、居民收入较快增长，坚持扩大内需和消费需求。

从新经济来看，在《“十二五”规划建议》中提出要“坚持把经济结构战略性调整作为加快转变经济发展方式的主攻方向”，“经济结构战略性调整取得重大进展”，我们认为“十二五”期间经济的结构调整是重中之重。该规划将在2011年3月报请全国人大批准。目前这些产业占GDP比重不到2%，预计目标是到2015年战略性新兴产业增加值占GDP的比重达到8%左右，到2020年力争战略性新兴产业增加值占GDP比重达到15%左右。

我们认为国内M2超发导致流动性过剩、美元量化宽松导致输入型通胀、劳动力价格上涨这三个因素是导致物价持续上涨的主要原因。再加上全球灾害性天气的相继出现，将在一定程度上影响农产品的供需，2011年物价上涨的压力较大。2010年2月CPI是2.5%的时候，一年期存款利率是2.25%。2010年底CPI是5.1%，而一年期存款利率才提高到2.75%。我们认为2011年逐步加息到3.5%以上的可能性较大，M2也将逐步回落到15%—16%附近。

刘　东　广州证券有限公司总裁

主要观点

国民收入倍增计划和薪酬改革等将激发民间理财需求的增长，券商作为股市投资的渠道提供商和金融产品创新的主要载体，将迎来较大的发展机遇。

在“调结构”中地位加强

“十二五”规划提出的经济增长结构转型和国民收入分配改革，为证券行业的发展提供了宏观和微观的有力支持。作为金融服务业的证券行业在整个国民经济“调结构”的过程中，对于引导社会资源的分配和流动有重要作用，其地位和功能将得到加强。

而国民收入倍增计划和薪酬改革等将激发民间理财需求的增长，券商作为股市投资的渠道提供商和金融产品创新的主要载体，将迎来较大的发展机遇。

在这个背景下，结合证券业的实际现状展望未来，我相信，我国证券业仍将在波动中不断向前发展，未来赢利性将有所提高，同时波动性逐步减小。与此同时，竞争也将进一步加剧，券商上市及国际化步伐也将加速，创新业务将成为未来券商新的赢利增长点。

在股市持续繁荣、业务不断创新的驱动下，预计证券业将在未来保持平均14%左右的年复合增长率。根据流通市值和换手率的变化，预计经纪业务收入将保持稳中有升的趋势。

2010年是广州证券发展历史上步入新起点的一年，我们正在实现经济增长方式由粗放型向集约型、体制机制由墨守成规向全面市场化、核心竞争力由靠天吃饭向观天吃饭的三大转变。我们正在实现经营布局由经纪业务一业独大到综合业务齐头并进的突破。

盛希泰　华泰联合证券有限责任公司总裁

主要观点

维系团队最重要的纽带就是做事的平台，就是文化和机制，说得通俗一点，就是“游戏规则”。

在逆境中奋起，在奋起中超越

最能体现职业经理人价值的，莫过于通过自己的努力在很短时间内使一家濒临灭亡的企业起死回生，并达到令人刮目相看和有口皆碑的境界。华泰联合证券就给了我这样一个机会。

大家知道，2011年是中国证券市场诞生20周年。

20年，中国证券市场风云变幻、跌宕起伏，经历了姓“资”姓“社”的大争论和初期的亢奋与沉沦，经历了20世纪90年代末的亚洲金融危机和以互联网为代表的科技股行情时代，经历了行业四面楚歌、连续四年整体亏损而痛定思痛的年代，经历了“国九条”和新《公司法》、《证券法》的出台，经历了诚惶诚恐、战战兢兢的五年券商综合治理和上市公司综合治理，经历了从998点到6124点百年难遇的激情燃烧和接踵而至的金融危机导致的全球静默和激流直下，经历了4万亿元中央财政投入带来的流动性亢奋，经历了中小板、创业板、融资融券、股指期货等新概念、新业务的种种期待与实践和收获与困惑……目前，中国证券市场规模已发展成全球第二大市场，2010年新股发行数量和筹资额名列世界第一，多层次资本市场体系初具雏形，数得着的大型国企大多插上了资本之帆，一大批名不见经传的企业脱颖而出，一大批新锐借助市场成为资本新贵，沪深市场开户数近1.3亿。可以说，内地用20年的时间走完了发达国家100多年的证券发展道路，这种局面确实来之不易。

20年，中国证券行业群雄逐鹿、大浪淘沙，“你方唱罢我登场，各领风骚两三年”，证券业整体在摸爬滚打中逐渐从青涩走向成熟，告别了资本短缺、捉襟见肘的年代，但一些券商在跌倒后却再也没有爬起来。2004—2006年间就有30多家券商彻底告别舞台并成为历史，真正一路顺风顺水的券商可谓凤毛麟角，一批批引领风骚的风云人物也成为过眼烟云，常青树式的人物屈指可数。究其原因，主要是证券行业长时间没有改变靠天吃饭的状况，而特许经营政策下券商很少或无须去思考和打造自己的核心竞争力，并漠视了风险的存在和风险管理的重要性。2002年开始连续多年的行业整体亏损和2004年开始的五年综合治理，才让券商集体觉醒，开始进行洗心革面的市场化转型。

现代社会，一个人再“牛”，也掀不起大浪，只有将个人的理想与团队的愿景紧密结合起来，并做到上下同欲，才能解决问题，才能成就大业。而维系团队最重要的纽带就是做事的平台，就是文化和机制，说得通俗一点，就是“游戏规则”。

中国发展如火如荼，证券市场日新月异，证券行业风云变幻，在行业格局不稳、不断洗牌的进程中，过去我们在逆境中奋起，在追赶中超越，实现了不错的成长。未来我们要将优势不断转化为胜势，在不断超越中走向卓越，直至实现一流梦想。华泰联合的精神是：团队协作、稳健进取、追求卓越、志在一流。

冯　戎　宏源证券股份有限公司董事长

主要观点

金融创新超预期发展，开始改变现有赢利结构，并带动行业竞争不断升级。

证券业面临发展良机

2010年，社会发展遇到很多“两难”问题，国内股市全年深幅震荡，财政货币政策、内外部环境的不确定性因素日渐增多，市场竞争环境更为复杂。

2011年，是“十二五”规划的第一年，经济结构将启动新一轮调整周期。伴随经济结构调整，证券行业也将步入剧烈的变革与转型期。传统通道式赢利模式受到极大冲击，发展理念和模式亟待转变。金融创新超预期发展，开始改变现有赢利结构，并带动行业竞争不断升级。我认为这种变革与转型主要表现在以下四点：

一是经纪业务过度竞争，微利时代开启，券商服务转型进入实质性阶段。价格同盟短期内可能有效，但从中长期看，经纪业务竞争不会因此缓和。特别是市场竞争从东部引向中西部，从一线大城市延伸至二、三线中小城市。随着佣金的急剧下滑，经纪业务的竞争焦点将从佣金战转向券商的综合服务水平与成本控制能力上来，新一轮洗牌即将加速到来，经纪业务转型已如箭在弦。

我认为，在依法合规的前提下如何更好更快地发展是行业的核心诉求。佣金战也好，人才争夺战也好，都是行业谋求进一步发展进程中伴生的现象，也是市场竞争充分程度的一种表现。这些问题在给证券公司带来压力的同时，也对公司提高经营管理水平和服务水平提出了更高的要求。我想，只要规则是清晰的、竞争是有序的，行业变化带给我们的机遇应该是大于挑战的，我们应该以积极的心态去面对。

二是投资银行业务从主板转向中小板、创业板，并向国际业务、“三板”和并购重组业务延伸。中小板、创业板已取代主板成为主力，竞争格局生变，定位于民营经济、中小企业融资的深圳等地券商迅速崛起，无论在IPO主承销数量上，还是在承销保荐收入上，均超越具有传统优势的大型券商；投资银行业务出现爆发式增长，开始成为部分证券公司的重要赢利来源；在国家加速产业结构调整及政策鼓励下，央企重组、资源类企业整合等方面的并购行为大幅增加，中国企业开始加快海外扩张步伐，跨境并购交易也呈现增长趋势，并购重组时代渐行渐近；未来，随着国际板的推出，以及“三板”的扩容和发展，投资银行的业务空间将进一步拓展，竞争的内容和层次将更为丰富和立体。

三是资产管理业务规模迅速扩充，竞争提速。2010年，集合理财产品发行节奏加快，券商理财产品规模迅速提升，开展资产管理业务的证券公司从年初的28家增加到51家，集合理财产品发行创历史纪录，达97只；上海等地的一些券商通过设立资管子公司，谋求专业化发展，加快确立竞争优势，资产管理业务市场竞争不断升级。一方面，证监会拟将券商集合理财申报由审批制改为备案制，发行审批逐步放开和加快；另一方面，中国居民储蓄十分庞大，目前已达30万亿元左右，在通胀预期下，将对理财增值产生强烈的需求，这都意味着资产管理业务具有十分巨大的发展空间，将进一步推动券商资产管理规模加速扩容，品牌和业绩优势突出的券商将占据先机。

四是创新业务蓬勃发展、前景广阔，在改变行业赢利构成的同时也将加速行业分化。2010年，融资融券、股指期货、直接投资等创新业务开始起步，并呈现超预期发展态势。预计2011年，创新业务将为券商作出实质性贡献，对部分券商增量收入贡献率有望达到10%—15%，而创新能力强及资本实力领先的券商收益将更为明显。

目前，世界各国正处于这样的经济周期，这对中国的证券行业来说是一个不可错失的发展机遇期。如何在保持规范中快速发展，是行业目前最大的课题。宏源证券将紧紧把握市场机遇，坚持“客户至上、人才为本、诚信协作、进取卓越”的核心价值观，努力为中国资本市场的健康发展和中国经济的持续繁荣贡献力量。

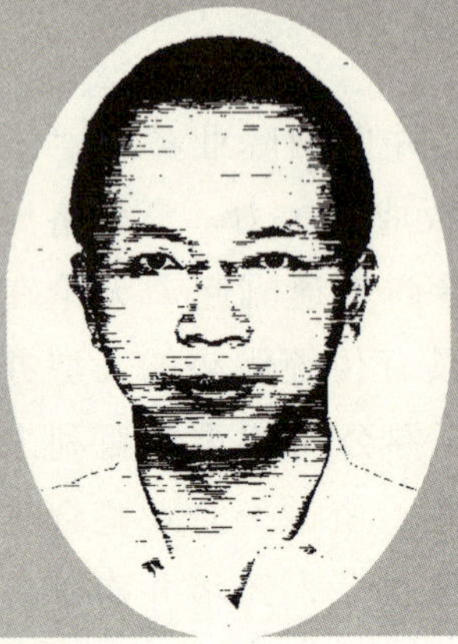

王天广
西南证券股份有限公司投资银行事业部执行总裁

主要观点

在中国经济快速发展的背景下，市场上并不缺好的公司，也不缺钱，缺的是把钱放到好的公司去，让资本发挥自己应有的功能。

资本并不盲目

资本是长着脚的，会自己选择去处。同时，资本与人一样，对逻辑与理性的追求是永恒的。就拿饱受部分媒体诟病的创业板市场来讲，高发行价以及与之相伴的高市盈率、高超募率这“三高”的现象确实很明显。但这是否就是病态的，是否就非理性、不正常了呢？在看到“三高”的同时，必须看到资本与生俱来的逐利天性。

如果认为社会大众与资本形成的价格非理性的话，那就要分析是什么样的环境与因素影响、决定了大众与资本的盲目，市场是否还存在制度性的缺陷、体制上的不足。从另外的角度讲，中小企业承受风险的能力确实差，但是它们的成长性也值得期待。快速发展的中小企业才是中国经济转型的希望和寄托所在，市场对其青睐有加是有道理的，资本并不盲目。

在中国经济快速发展的背景下，市场上并不缺好的公司，也不缺钱，缺的是把钱放到好的公司去，让资本发挥自己应有的功能。我认为挑项目有点像选美，只有八九十分的项目才值得推荐。

在二级市场上，也许有很多故事可以讲，没有效益也能炒到天上去。但是在一级市场上标准很严格，得靠真正的业绩来说话。包装再花哨，没有业绩的支撑也会显得浮夸，会被投资者抛弃。子曰：“质胜文则野，文胜质则史。文质彬彬，然后君子。”企业上市确实需要包装整理，将企业的思路理清楚，投资银行其实做的就是使得企业“文质彬彬”的事情。

陈友安　中国银河证券股份有限公司董事长

主要观点

“调结构、促转型”意味着可以用稍低一点的经济增长率来换取经济结构的改善和质量的提升，减小经济受资源环境约束的压力。

资本市场风雨兼程20年

2011年，全球经济将有可能延续缓慢复苏的步伐，刺激政策的退出可能导致经济增速有所放缓。2011年是“十二五”元年，我们预计，已经复苏的中国经济有望继续保持平稳较快增长，经济结构的战略性调整将取得“重大而实质性”的进展。“调结构、促转型”意味着可以用稍低一点的经济增长率来换取经济结构的改善和质量的提升，减小经济受资源环境约束的压力。

中国资本市场已经走过了20年的风雨历程。20年来，伴随着中国市场化改革和经济快速发展的进程，资本市场在艰难曲折中不断发展壮大，市场融资规模迅速扩张，市场结构逐步优化，市场规范化、国际化水平显著提高。

经过20年的发展，资本市场已经成为中国金融体系的重要组成部分，成为中国社会主义市场体系中最具魅力的部分，成为推动中国经济社会发展的重要力量。在今天的中国，没有哪个经济和金融事物具有像资本市场那样的社会关注度和影响力。

2010年，中国证券市场多层次资本市场建设取得长足发展。创业板市场推出一周年，中小板市场发展迅速，一大批新兴产业的龙头企业成功上市，成为中国A股市场的生力军；同时，也有不少上市公司登陆主板市场，中国证券市场的直接融资功能进一步体现，为宏观经济的稳定发展发挥了重要作用。

2010年3月31日融资融券业务、4月16日股指期货业务成功推出，成为中国资本市场发展过程中的里程碑事件，标志着中国资本市场步入一个新的历史发展阶段。纵观2010年，A股市场保持活跃，尽管指数涨幅不是特别明显，但是结构性行情不断涌现，财富效应得到展示。

从2000年至今这10年，是中国资本市场快速发展、高歌猛进的10年，也是银河证券经受市场洗礼、战胜艰难坎坷、开拓创新奋进的10年。10年间，银河证券与中国资本市场同呼吸、共成长。

10年来，中国银河证券股票基金代理交易额达23.15万亿元，交易规模行业排名第一。截至2010年10月底，公司服务客户500余万户，客户资产总值达到2.36万亿元。公司目前在全国30个省、自治区、直辖市设有219个营业网点，在香港也设有机构并正在制定在其他地区设立机构的规划，是目前国内分支机构最多的单体证券公司。银河证券是我国第一家尝试提供网上交易服务的证券公司，现已搭建起多通道、多方式的非现场交易体系。

100位顶尖投资家的理财策略

第六部分

基金投资密码

- “十二五”开局的新契机
- 合理配置资产应对转型
- 把脉投资方向
- 坚持投资
- 重资产配置
- 公募基金：蛰伏再起飞
- 明明白白买基金
- 期待投资者用储蓄的心态投资基金

孙志晨　建信基金管理有限公司总经理

主要观点

鉴于中国经济的内在特点和长期所积累的治理通胀经验，通胀问题可能会持续一段时间，但不会发展到难以控制的境地。

“十二五”开局的新契机

站在2011年的开年之际，我们还来不及为中国经济从金融危机中率先复苏而欣喜，就不得不为日趋沉重的通胀预期压力而辗转反侧。尤其是在发达国家进一步量化宽松的货币政策之下，天文数字般的热钱虎视眈眈，新兴市场国家莫不为通胀所扰，作为全球经济焦点的中国更是概莫能外。“十二五”在这一背景下开局，承载经济转型、稳健发展的重任，其意义非同寻常。

过去的数年间，中国经济在改革金融体制、恢复国企赢利能力、充实政府财政、改善基础建设等方面取得了举世瞩目的成就，为实现“国富民强”的目标夯实了基础。现在，国内经济仍在为这一目标而“上下求索”，只是，我们不得不直面内外部环境的重大变化，这不仅是深化改革的艰巨以及经济转型的急迫，还有更复杂的来自社会层面的挑战，例如那些一直为大众所关注的——高企的物价、滞后于经济发展的城乡居民收入，以及裹足不前的民营经济等等。

诚如我们所期待的，此时的中国经济亟待新一轮的增长动力，它不仅要能够把中国经济带入到下一个稳健增长的阶段，而且带来的是发展方式的转变以及切切实实对民生的改善。因此，中央经济工作会议谋划“十二五”开局之年的经济发展时，明确指出，2011年的经济发展将从去年的“扩内需、调结构”转变为“调结构、稳物价、保民生、促改革”。围绕着这一转变，政府经济政策目标、收入分配体制、汇率与利率制度等一系列改革将会逐步推进，并最终促进中国经济增长逐步转向内需驱动的新模式。

“十二五”在着力于国内经济结构调整的同时，也将给予我们机构投资者更多的投资机会，例如大消费、节能环保、产业升级、新能源等相关行业在未来都有可能会有精彩的表现。就上市公司的选择而言，我们会更加聚焦于在内需经济发展过程中竞争优势逐步显现、强化的公司。当前中国资本市场的整体估值水平仍然处于比较健康的状态，具备价值支撑的蓝筹公司以及在未来有潜力成长为新一代蓝筹公司者都是较好的投资标的，长期投资终将获得良好的回报。

当然，持续增强的通胀预期压力会增加经济转型的变数和难度。鉴于中国经济的内在特点和长期所积累的治理通胀经验，通胀问题可能会持续一段时间，但不会发展到难以控制的境地。

历史经验告诉我们，经济增长的新引擎往往不是市场繁荣时的锦上添花，而是在经济面临危机或困局时萌芽，并绽放生机——正如中国经济转型之于此次金融危机。因此，我们乐观地相信，即便经济转型的阵痛不可避免，但“十二五”仍将是一个新时期的起点，它将为中国经济营造新的环境，带来新的契机，并拓宽中国资本市场的想象空间，给予我们更充足的信心去期待来年的收获。

奥成文　诺安基金管理有限公司总经理

主要观点

合理确定收益预期，在不同风险收益特征的投资产品中进行科学配置，应对市场波动的风险，并获取合理的市场收益。

合理配置资产应对转型

2010年以来，证监会实施的新基金多通道审批制度意义重大，偏股基金、债券基金、QDII基金和创新基金四条通道齐上阵，掀起了中国基金业发展的新高潮。诺安基金公司2010年先后发行了诺安中小盘、诺安主题和国内首只黄金基金——诺安黄金基金，为国内投资者提供了更多的理财产品和黄金投资工具。

2011年是“十二五”的开局之年，也是中国经济过渡转型之年，从2011年开始，中国经济有可能出现两个特征：第一是增长中枢下移，中国经济长期的潜在增速将下降，“两高一资”粗放增长模式难以维系，但转向消费内需主导亦尚需时日，由于有积极财政政策护航，保持经济增长应无大碍；第二是通胀中枢上移，“刘易斯拐点”逼近推升劳动供给成本、低碳经济倒逼资源产品价格上涨，食品价格涨势可能趋缓，但非食品接力涨价的可能性不容小觑。总体来看，2011年的宏观经济可以概括为“增长有保障、通胀难反转”。

货币政策方面，中央经济工作会议明确提出将实施稳健的货币政策，货币政策基调转向“稳健”，实质即收紧，预计2011年数量调控手段与价格调控手段将并行不悖，“三率（基准利率、人民币汇率、法定存款准备金率）齐动”的概率较大。

从国际局势来看，继2010年上半年希腊主权债务危机平息以后，欧元区主权债务危机在沉寂半年后重新发酵，这次是爱尔兰。关于欧债危机问题，希腊不是第一个，爱尔兰也不是最后一个。

我真诚希望广大投资者在新的一年里能根据自己的风险承受能力和投资偏好，合理确定收益预期，在不同风险收益特征的投资产品中进行科学配置，应对市场波动的风险，并获取合理的市场收益。

巩怀志
华夏基金管理有限公司股票投资部副总经理

主要观点

当一个行业或者个股处于上升周期的时候，完全可以一直重仓持有，只有它价格过高，完全偏离了合理状态，才考虑作部分减持。

把脉投资方向

作为一个基金经理，我一直努力去研究、去总结、去发现市场规律，利用市场规律，为持有人赢得回报。主动型基金投资的目的是在控制风险的前提下超越市场基准指数，这需要基金经理兼具“自上而下”的宏观视野和“自下而上”的精选个股能力。

刚过去的30年中，从经济发展的生产要素来看，我国经济从得益于通过敞开国门、国际贸易与分工的措施分享到全球经济增长的成果，发展到现在单纯依靠国际贸易与分工不能再保持高速的增长。展望未来30年，中国仍将进行一场深刻的变革，经济增长方式必然面临“升级和转型”。对于基金经理来说，接下来的任务就是找出在这一转型过程中明确受益的经济领域、行业和企业。

从经济转型的角度看，有些经济领域的发展空间巨大，前景非常广阔，例如通道（包括实体道路和信息高速道路）建设、大型装备制造业、中西部地区消费业和制造业升级等。对于这样的领域，我们没必要去猜测政策，去猜测每年的投资有多少，这并非政府短期安排的项目，而是中国未来经济一个明确的发展方向。

在把握了经济大脉络、确定了投资大方向后，我们就需要精选个股、择时操作。不同的行业和个股，需要不同的投资策略。当一个行业或者个股处于上升周期的时候，完全可以一直重仓持有，只有它价格过高，完全偏离了合理状态，才考虑作部分减持。

在我的投资哲学中，市场永远是对的。要理解市场，敬畏市场，顺应它的运行规律去获取收益，而不是同市场对抗。市场估值体系永远处于变迁之中，要把握住时代赋予我们的投资机遇，因时而变，因势而变。

侯明甫　上投摩根基金管理有限公司副总经理

主要观点

将资金分成许多等份，在市场下跌过程中，逐步建仓是一种较稳健的方法。

坚持投资

先谈中国经济的整个宏观面，我们发现全国的经济正陆续回归常态。当回归常态时，就不能要求利率还维持在非常低的水准，只有在市场或经济不景气时才能看到利率的低点，利率往上走基本上是大概率的事件。假如利率不往上走，那就没有办法走出长线多头的格局，所以回归正常基本上是很重要的。

从经济发展的角度来讲，我们不再期待中国的GDP增长率一直在10个百分点以上，因为这必须要付出很大的代价，在整个国民生产已经扩大到一定程度后，也不可能期待每年都有10%的增长。我们预测，2011年一开年的GDP数字会相对比较低，但是会呈现慢慢往上走的趋势。全球的经济不会再陷入衰退，或可以稳步复苏，我想今年的经济不会走得像前两年那么累。

整个经济发展的节奏会达到大家可以接受的水准，至少2011年的政策目标已经讲得非常清楚，就是一句话——“积极的财政政策、稳健的货币政策”。

2011年不管是做国内的投资，还是做海外的投资，有一个前提假设是你对通胀的问题怎么看。如果你觉得通胀基本上会演化为恶性通胀，那也许只能去投资黄金了。现在讲通胀压力，在粮食这部分对于中国而言压力相对较轻，因为食品占CPI的35%—36%，食品价格波动对通胀压力非常大，但我们看到国内粮食价格是相对稳定的，比如蔬菜价格，即使有天灾人祸政府也会去想办法解决，因为这是生活必需品。所以我觉得从这个角度来看，不需要太担心通胀的问题。但不排除对许多国家的执政当局造成压力，进而转化成过度紧缩的货币政策，不利于稳定金融资产价格。

下一个要关心的问题就是油价。假如大家回过头看，2007年大概在每桶100美元，但是从2007年到2008年是以60度的仰角直接攻到每桶140美元、150美元，甚至还高达每桶200美元，就像金价一样，油价在2008年狂飙时，大家还没有心理准备。在2008年都没有出现恶性通胀，你们想一下以现在的经济结构、政府的准备和大的经济环境，可不可能出现恶性通胀？

经济在成长，不可能要求通胀率维持相对很低，所以我觉得中枢往上移是比较正常的现象。

证券市场方面，目前A股市场整体估值处于低位，利润增速高于历史平均值。结构性的机会可能在酝酿，大家可以从自身的角度去思考。A—H倒挂显示了国外投资人和中国投资人对市场的信心。对市场的综合判断，我觉得基本上会维持震荡向上，今年仍有一定的赚钱机会，具体投资要选好个股，把握好节奏。

投资是件长期的事情，经过了金融危机的市场洗礼，我们投资人都累积了比较丰富的市场经验，2011年不管第一季度市场走势怎样，我们都应该找一个点去投资。将资金分成许多等份，在市场下跌过程中，逐步建仓是一种较稳健的方法。

金 旭 国泰基金管理有限公司总经理

主要观点

坚持长期投资、稳健投资和价值投资的理念。

重资产配置

2010年我国宏观经济在“涨”声一片和不断寻求“给力”的过程中度过了不平凡的一年，但是股票市场却在对经济刺激政策何时退出与西方经济是否复苏的不确定判断中上下而求索。尽管上证指数全年下跌超过10%，但除了指数基金给持有人带来年度的亏损，各类基金平均都获得了绝对收益，其中债券基金平均收益率达8.14%，战胜通货膨胀的比率，再次体现了基金行业专家理财的优势。

展望2011年，我们面临的局面仿佛依然复杂，但可以肯定的是中国经济仍将保持较高的增长速度，通货膨胀虽然成为市场的普遍预期，但“十二五”规划中明确的经济结构转型和经济增长方式转变将开始付诸实施，对改善民生的特别关注将激发更大的财富管理需求。我们相信基金行业在增加居民财产性收入方面将承担更重要的责任和发挥更大的作用。

让我们欣喜的是，中国基金业经过12年的发展，在逐步迈向国际化的同时，创新空间越来越大，基金的投资范围和产品创新范围得到大幅延伸，这也为投资者分散风险提供了更多选择和可能。

面对未来市场的机遇和挑战，国泰基金人的心情与往年没有任何不同，仍然坚持“以最大的专业和勤勉为投资人奉献回报”的不变信念，这也是国泰基金13年来赢得投资者信任的基石。在2011年的投资中，我们除了继续坚持长期投资、稳健投资和价值投资的理念，亦会扮演好理财专家的角色，在布满荆棘的震荡市场环境中，为您的财富找到正确的方向，获得满意的回报。

李选进　汇丰晋信基金管理有限公司总经理

主要观点

我个人非常看好QDII基金的前景。目前我们要做的是，帮助投资者认知QDII基金投资区别于一般国内基金投资的功能，培养正确的投资理念。

公募基金：蛰伏再起飞

数据显示，2010年基金行业管理的总规模延续2009年的下降态势，从2009年底的2.67万亿元下降至2010年末的约2.52万亿元。与此同时，公募基金还要面对来自其他行业的竞争。不过，我认为基金行业的步伐稍微放缓一些未必不是好事，经历过前些年的高歌猛进之后，基金行业进入调整期，长远来看也有裨益。当然，一个行业蛰伏的过程比较煎熬，这个时候，我们要想在这个行业里笑到最后，就必须要有一个清晰的应对策略。

第一，打特色牌，提高竞争力。中国的基金行业，竞争非常激烈，可很少有一个市场，单一资产类别产品如此丰富。在这样的竞争环境下，开辟QDII基金、QFII投资顾问、专户等其他“战场”就显得尤为重要。我个人非常看好QDII基金的前景。目前我们要做的是，帮助投资者认知QDII基金投资区别于一般国内基金投资的功能，培养正确的投资理念。

第二，团队建设，应对挑战。基金公司什么最重要？人才！对于目前激励机制较为单一的公募基金公司而言，优秀人才的流失的确是未来相当长时间内最严峻的挑战。但我认为，对这个问题也不必过于悲观。私募基金的股权激励固然有其吸引力，但从长远来看，私募受其本身的赢利模式和商业模式所限制，规模并不会无限扩张。对公募基金而言，我们所能做的就是持续地进行人力资源的投资，以老带新做好团队梯队建设和人才储备。

第三，细分市场，服务创新。近年来的创新产品市场反响非常热烈，如创新封闭式基金、分级基金等等。这反映出了各细分市场客观存在的巨大投资需求。所以，如何细分零售客户，针对各细分市场的需求开发相应的产品是我们长期的一个课题。

年轻的中国基金行业一路走来，起起落落，质疑之声更是从未间断过。我相信，只要我们沉下心来认认真真地“练内功”，未来还会交出一份更令人满意的答卷。

刘晓艳　易方达基金管理有限公司常务副总裁

主要观点

基金好卖不好赚，好赚不好卖。也就是说，基金难卖的时候，拉长一点时间来看往往是能给投资者赚钱的。

明明白白买基金

在刚刚过去的2010年，基金行业加大了市场化力度，审批通道更多、发行节奏更快，投资者通过各种传播媒介看到、听到“基金”两个字的频率也越来越高。然而，这一年易方达并没有相应地加快发行节奏，而是在内部做了较多的整固和调整工作。我们深深地认识到，在整个基金业市场化程度大幅提高的背景下，基金行业的所有参与者将会面临一个新的环境。我平时常对同事们说，我们要明明白白地卖基金；也常和投资者朋友交流，大家要明明白白地买基金。那么，在今天这个新环境下，我想这将具有更重要的意义。

近年来我们在与投资者交流的过程中，一直在提倡“做一个明明白白的投资者”这个理念。何谓明明白白做投资？简单说就是强调“理性投资”，我们提倡不同风险承受能力、不同风险偏好的客户在不同类型资产配比上，其比例应有所不同，客户自己应对自己和所投资的产品有一个相对充分的认识，不要盲目跟风，要理性理财。

投资者在认识到应该理性投资以后，还须对自身状况和需求有清楚的认识，方能做到“明明白白做投资”。比如，在作投资决策之前要先规划：你的资金是什么样的来源，你对投资结果有什么样的需求，你的风险承受能力有多大。然后，对你所投资的对象也一定要有一个基本认知：你到底买的是什么东西，你所买的东西是谁在做，它的风险和收益特征是什么样的……

在投资策略上，我们虽然一般提倡长期投资，可是投资者在决定采用什么投资策略前，还是应该先弄清楚，到底有哪些投资策略，比如赢利目标策略、波段操作策略、定投策略等，这些策略各自有何利弊，操作上各有什么难易。再比如长期投资，也要先想清楚，你想象中的长期有多长，三年？五年？20年？这又要明白投入的资金性质是什么，投资的目的是什么，投资对象是什么等等一系列问题。

公募基金是一个大众化的产品，成立一只基金动辄涉及几万甚至十几万、几十万持有人，因此，相对来说，基金公司在公募基金产品的设计上也会做到尽量简单易懂，避免加入太复杂的内容。现在基金行业推出越来越多的指数基金、行业基金、主题基金就是如此。各基金公司为了帮助投资者做到明明白白投资，也在做大量的现场培训、网络视频培训等。我们发行一只基金常常要做大大小小上千场培训，但这还是不够。2011年我们准备在培训方面投入更多的精力，力求做得更系统一些，培训的方式也更多样化一些，多借助一些新的技术手段展开，尽可能帮助投资者做到明明白白买基金。

虎年兔年交接之际，市场行情不太好，基金不好卖。从过往的经验看，我们发现基金行业存在一个矛盾的现象：基金好卖不好赚，好赚不好卖。也就是说，基金难卖的时候，拉长一点时间来看往往是能给投资者赚钱的。易方达在2008年下半年发行过三只股票型基金，那时特别难卖，投资者心存疑虑，每只基金都只卖几亿元，但是过了半年左右的时间基金净值就涨了近20%。

“股神”巴菲特曾提到过人性中易于恐惧和贪婪的弱点，这个弱点没什么不好，我想这个弱点可以让人类保持适度的发展速度。但是这种弱点体现在投资上面，的确又可能造成追涨杀跌，总是买在最高点，卖在地板价。所以我们在做大量的交流培训的时候，一直建议投资者一定要认识到自己所处的大的社会环境，对证券市场要有一个相对中长期的基本判断，对自身的状况和自己所选择的投资策略要有一个清楚的把握，对所投资的对象要有一个比较清晰的认知。想明白之后，再做资产配置，再做投资。投资之后，最好还能定期进行回顾检讨。

我们相信，明明白白卖基金、明明白白买基金，对基金行业的健康发展，乃至我国资本市场的健康发展都是很有意义的，让资本市场能更有效地发挥资源配置的作用，而不是零和甚至负和的游戏，从而为社会创造更大的财富。只有通过更有效地配置资源，社会财富增加了，所有参与方才可能真正、持续获利。

高良玉　南方基金管理有限公司总经理

主要观点

参与资本市场是资产保值增值、参与财富再分配的重要途径。

期待投资者用储蓄的心态投资基金

刚刚过去的2010年，南方基金在广大投资者的关心呵护下，取得了一定的成绩。南方基金认识到科学的管理对基金业发展的重要性，并从2009年起在投资研究、市场营销、人力资源等多条线深入践行管理的变革。通过近两年来的变革，我们的各项业务呈现出强劲的上升势头，管理在公司经营中发挥着日益重要的作用。2010年南方基金旗下基金业绩大幅提高，南方价值、南方高增、南方恒元、南方避险、南方500、南方小康、南方现金等多只产品在同类基金中业绩排名领先；社保、年金、专户等私募业务的多只产品在同类产品中业绩领先；公司管理资产规模在股市下跌的情况下仍保持增长，行业地位稳中有升，进一步巩固了公司行业第一梯队的领先优势；全年共发行公募基金产品6只，旗下公募基金数量达到26只，位居行业第一；公司全年未出现任何风险事故。

南方基金2010年的进步我们认为是可以持续的。基金管理公司最重要的区别在于投资业绩、服务水平和创新能力，归根结底是基金公司团队综合实力的竞争力。通过近两年的大力改革、制度创新，我们越发认识到做好投资、市场、内部管理等各项工作的关键是方法。寻找科学合理的工作方法，制定科学有效的激励考核制度，可以很好地提高团队的战斗力，提高为投资者创造财富的能力，提高为投资者服务的水平。目前，我们基本找到了这样一套方法体系，更加符合管理大规模资产的要求，能有效提高公司竞争力，并在实践中取得了很好的效果。

2011年是“十二五”规划的开局之年，从历史规律看很可能会呈现良好的经济发展势头和较高的投资增速，同时国际主要国家重启量化宽松政策，注入流动性，这对资本市场的发展形成了重要的推动。另一方面，我们在一段时间内会面临CPI高企的压力，特别是上半年通胀压力较大的情况下，当前的负利率环境会进一步催生居民资产配置的需求。越来越多的人会认识到个人资产结构从单一的以存款为主转向多元化配置资产的必要性，参与资本市场是资产保值增值、参与财富再分配的重要途径。基金为广大投资者提供了很好的理财工具和参与资本市场的通道，同时，随着新基金发行制度改革的不断深化，2011年，基金产品数量将呈现大发展之势，越来越多的针对性更强的产品会陆续推出，满足投资者差异化的投资需求。

通过与国内各类理财产品的比较，我们发现，相对于其他理财产品而言，基金历史业绩最佳、投资管理经验最丰富。检验一个投资机构投资能力最科学的方法是回顾其历史业绩：13年来的积淀使得基金公司具备了深厚的市场经验；产品线最为完整，各具风险收益特征的产品可以满足不同投资需求的人群；最为专注于投资，基金公司是专业从事证券投资的机构，庞大的高素质人才团队专注于为投资者创造良好业绩，也保障了规范运作和卓越的风险控制能力，从根本上保护投资者利益。正是这种持之以恒、这种心无旁骛，使得基金公司愈加为广大投资者认可，我们相信投资者心中自有一杆秤，投资基金将更加深入人心，成为一种生活方式。

我们衷心地期待着广大投资者可以用储蓄的心态来投资基金，毕竟基金不是获取暴利、短期交易的工具。如果可以用更长远的眼光来把握基金投资，我们相信基金可以为大家创造战胜业绩基准、战胜通胀、战胜同期存款利率的回报。在“十二五”开局之年，如果我们的投资者也能够为个人理财制定一个“五年规划”，长期投资基金，五年之后，您就会发现个人财富获得了良好的回报。

程丹倩　华商基金管理有限公司督察长

主要观点

将持有人的利益放在首位，争取为持有人带来稳定、持续的回报。

强化风险控制

2010年是中国资本市场诞生20周年，也是基金行业成立12周年。在资产管理行业市场竞争加剧的今天，公募基金行业内部竞争与外部竞争激烈化趋势凸显，如何做好风险控制工作，将公司建设成为专业精良、治理完善、诚信合规、运作稳健的现代资产管理机构？作为华商基金的督察长，这是我每天都在思考的问题。

合规、专业、诚信是基金业的利益之本，要将风险控制工作做好，需要每一个基金从业人员将合规、专业、诚信意识自觉落实到日常的工作中去。

培养诚信合规文化，让风险控制意识在公司得到广泛传播、分享，让每个员工形成坚定的思维模式和信念，自觉约束自身行为、保持道德操守、遵守执业行为准则，最终形成良好的风险控制环境。

健全的内控机制及人才储备是风险控制工作运行的基础，风险管理能力涉及公司内部控制的各个方面，如何将有限的资源进行优化，保持住现有的优势并不断优化、改进工作中的不足，保证风控工作的可持续性发展是需要不断思考以及强化的内容。

风险控制工作是基金公司一项需要常抓不懈、时刻警惕、做“实”做“细”的工作。

将持有人的利益放在首位，争取为持有人带来稳定、持续的回报，这是我在新的一年最大的心愿。

任志强
华宝兴业基金管理有限公司副总经理兼投资总监

主要观点

政府会不会在某个时点上采取严厉的调控措施？这将影响到未来一年中国证券市场的走势及行业、板块的选择。

价值和成长的平衡

2010年中国A股市场的行情呈现出结构性牛市和结构性熊市并存的局面。

展望2011年，A股市场应该不会再出现2010年那样两极分化的局面，传统行业和新兴产业、大市值和小市值的股票中应该都会有投资的机会。

在2011年的证券市场上，一个比较大的不确定性来自通货膨胀。值得注意的是，行政性措施对付通货膨胀在短时间内有效，但在中长期是无效的。那么，2011年的通货膨胀形势会不会比现在市场普遍预期的更为严峻？如果到时候通货膨胀形势更为严峻，政府会不会在某个时点上采取严厉的调控措施？这将影响到未来一年中国证券市场的走势及行业、板块的选择。

赵学军　嘉实基金管理有限公司总经理

主要观点

无论是与银行存款利率4.6%相比，还是与保险的2.5%的收益率相比，基金产品都明白无误地证明了自己是让财富得到延续的良好投资工具。

如何将财富带向未来

每年的经济和市场都会出现很多不确定因素，2011年也不例外，甚至更加纠结：在国内，通胀现实与政策紧缩的角逐如何演绎？“十二五”开局的投资冲动与经济转型怎样平衡？国际上，欧债危机与美元贬值如何联动？发达经济体与新兴经济体怎样互动？

这里，我不打算过多讨论上述问题。长期以来，经济和资本市场都是在种种不确定因素的博弈中不断发展前行。我想说说去年以来我思考得最多的问题：中国的基金公司如何在未来社会中承担起更多的养老责任，基金行业能否成为中国养老体系的重要制度安排。

无论是学术研究，还是实证考察，我们都发现中国社会的养老问题正变得前所未有的严峻。当社会正在一步一步走向“老龄化”的时候，当我们的肌体开始变老的时候，如何把我们的财富带到未来生活中去？

我们中国人传统上习惯把积累的财富存在银行里。然而由于发展战略、发展模式、收入分配政策等综合因素的影响，我国在较长时期内处于低利率环境中。目前三年期的存款利率仅为3.85%，五年期的存款利率只有4.2%。

与此同时，全球货币都在超常规发行以推动经济增长，这样的势头还将持续相当长的时间。当通胀变得更加严重的时候，我们寄望把钱揣在银行这个口袋里就能拥有一个体面而有尊严的退休生活是不现实的。

购买养老保险，能够让我们把财富带进未来？

在上市之前，中国人寿做了一次资产的剥离，剥离了当初大量存在利率差损的产品。所谓利率差损是指这类产品发行之时给出的利率高于它的成本（由于激烈的市场化竞争，那个时期保险公司争相发行市场利率比较高的产品）。但自从中国人寿上市，把这类资产剥离出去以后，在保监会的监管下，目前给投资人的回报率大概仅为2.5%。从长期看，养老保险2.5%的收益率很难战胜通货膨胀。

毫无疑问，在过去的十年里，本为消费品的房地产很好地充当了投资品的角色，其保值增值作用非常明显。但是，当我们走进下一个10年、20年的时候，房子是否还能够帮我们将财富延续下去？

我想情况并不乐观：以中国人现在大规模透支买房的情形不难预测，现在的孩子，在将来可能会继承来自外公外婆、爷爷奶奶各自的一套房子，可能还会继承爸爸妈妈的房子。这种情景再叠加上中国人口老龄化、人口红利逐渐消失的情况，房子很可能将从今天的供不应求成为供过于求的商品。

我们需要找到一种方式，让财富能够得到连续的增长，至少能得到延续。无论是从嘉实的实践，还是从整个基金行业的历史数据来看，中国的基金业都在证明自身有条件、有能力成为中国养老问题的承担者，并应该成为制度安排中的重要组成部分。

以嘉实基金为例，1999年嘉实发行了首只封闭式基金——基金泰和，经过11年的管理，泰和累计净值7.5元，累计收益率750%，年复合增长率是20%。

2002年8月嘉实发行的第一只开放式基金——嘉实成长收益，在八年的时间内，其累计净值是3.04元，年复合收益率是15%。嘉实发行的第二只开放式基金，即这个系列之一的嘉实增长基金，累计净值是5.5元，年复合增长率是25.5%。嘉实同期发行的一只债券基金到现在累计净值约1.8元，年复合增长率是9%。无论是与银行存款利率4.6%相比，还是与保险的2.5%的收益率相比，基金产品都明白无误地证明了自己是让财富得到延续的良好投资工具。

我想，对众多普通投资者而言，适当地过滤掉一些短期不确定性因素、牢牢把握住那些确定的未来大趋势，并尽早作出相应安排或许是更为有益的选择。

尚志民　华安基金管理有限公司投资总监

主要观点

当前一些优秀的基金经理，其所管理的基金净值早已超越了危机发生前的净值高点，这也在一定程度上诠释了长期价值投资的有效性。

长期价值投资的生存空间

彼得·林奇说："关注这个星期或下个星期市场和股价的波动只会分散投资者的注意力。要关心，也应该关心影响企业价值的因素。"

我对此深信不疑。但坦率说，现阶段我们所信奉和尊崇的价值投资理念，似乎在市场中越来越受到趋势投资的冲击，这一问题同时也困扰着我的同行们。

为什么投资者会忽视价值投资的时间价值，投资行为越来越趋于短期化和情绪化呢？

首先，从社会形态来看，中国正处于经济转轨期，面对日益加剧的贫富差异，普通投资者都希望通过资本市场获得财富的增值，而风险意识和承受能力则相对较弱。

其次，就我国证券市场而言，由于其被大众关注的程度极高，任何方面的政策或信号都可能被过度解读为与股票市场相关，而在经济转轨期，政策的调整又难免相对频繁，加之国内市场的制度体系也在不断完善中，这就在无形中加剧了市场的波动，很容易使部分投资者产生趋势投资更安全和有效的错觉。

回顾我国证券市场的发展历程，潮起潮落的背后，伴随着一系列的社会制度变革以及经济周期的波动，因此市场的起伏震荡和企业的经营波动亦在所难免。

尽管在各个阶段评估企业价值的主要因素不完全相同，但是反观过去我们在投资过程中获得超额收益的最大部分并不是短期操作带来的累积收益，而是通过耐心持有股票的长期投资方式获得的良好收益。这部分收益往往是因为市场的情绪化波动造成股价过度反应后，市场提供了有吸引力的价格，投资者通过买入并持有逐步体现出来。

在投资实践中，共同基金依托一个相对较完整的投研体系，坚持价值投资理念。通过长期投资获得理想投资回报的案例，在美国次贷危机前后两年的时间内非但没有因为市场的大幅波动而减少，反而是增加了。比如我们曾经投资一些稳定增长型公司，以及在周期底部大胆投资一些传统周期性公司等等，都因此而获得了满意的投资回报。

当前一些优秀的基金经理，其所管理的基金净值早已超越了危机发生前的净值高点，这也在一定程度上诠释了长期价值投资的有效性。

当然，在这个过程中，我们应该感谢所投资公司的优秀管理团队。正是因为他们在行业的不同发展阶段作出了积极调整和持续努力，才使企业不但平稳渡过次贷危机，并且重新稳固了自身的核心竞争力，获得了可持续的发展。

对于长期投资者而言，时间是最好的朋友。我认为在股票市场如果不能忍受短期的波动，就没有长期的收获。我相信伴随证券市场的成熟和中国经济的健康发展，长期投资将会有更大的生存空间和存在意义。

王立新　银华基金管理有限公司总经理

主要观点

通过对宏观经济的走向和相关政策变化的密切关注，还是会发掘出很多具有长期投资价值的伟大企业，为投资者奉献优秀的投资回报。

矢志不渝唯有投资一事

2011年，中国经济迈入“十二五”规划的开局之年，中国经济社会战略转型的大背景没有变化。但经济刺激政策的负面效果也开始显现。这种负面效果集中表现为过多的流动性对商品价格的冲击。

“生活中从不缺少美，只是缺少发现的眼睛。”同样，我们相信，通过对宏观经济的走向和相关政策变化的密切关注，还是会发掘出很多具有长期投资价值的伟大企业，为投资者奉献优秀的投资回报。

2011年，银华即将度过成立以来的第十个年头。十年之间，值得我们矢志不渝的唯有投资一事，值得我们不断奋斗的也唯有帮助投资者实现资产的稳健增长。

许义明　景顺长城基金管理有限公司总经理

主要观点

无论高估还是低估，终究要回归它固有的价值，任何市场的涨跌都是基本面趋势的驱动，而缺乏市场基本面的脉冲性行情均不具备持久性。

市场永远不缺乏机会

2010年全球经济复苏之路出现分化，出现两个平行的世界。在巨大流动性的推动下，新兴经济体的货币和财政政策更快地发挥了效力，在经历经济V形复苏后逐渐进入到正常增长的轨道之中，而成熟经济体因家庭和金融业过度负债，信贷和房地产泡沫破灭带来的影响更大，复苏显得缓慢。复杂的经济层面下，市场随之呈现结构化特征，国内市场尽管指数增幅不大，但不少个股尽显精彩行情。

很多在市场上失意的投资者，都是受到了短期波动的影响，在不适宜的时间作出不适宜的投资决策。投资的逻辑，有时候很简单，无论高估还是低估，终究要回归它固有的价值，任何市场的涨跌都是基本面趋势的驱动，而缺乏市场基本面的脉冲性行情均不具备持久性。

除了乐观的心态和坚持的理念，投资当然需要相当的前瞻性。作为投资者，也许无须刻意研究世界的未来，但是一定要关注宽松货币政策逐渐收紧下的经济增长趋势，一定要关注政策扶持带来的投资区域和行业分布的变化，一定要关注收入增加、经济转型带来的产业和消费升级，你也要关注到尽管经济复苏更为强劲但新兴经济体普遍承受着较高的通胀压力。在这些大的趋势下，顺势而为、寻求突破的成长型公司有望带来丰厚的收益。

有一句话我很欣赏，“身在局中，心在局外”，相信2011年仍是一个震荡和巩固的过程，受到经济基本面和市场情绪的影响，大幅度的波动也可以预见。震荡的、结构化的市场中，职业经理人管理的重要性，也会真正显示出来。

窦玉明　富国基金管理有限公司总经理

主要观点

投资人对基金一年以上的业绩更为敏感，牛市下业绩对申购行为的影响比熊市更为显著。

提供更有特色的产品、更优秀的业绩与更专业的服务

从第一只封闭式基金发行，到行业总规模近3万亿元，中国基金业从无到有，已经走过了12年光阴。在过去的12年间，中国基金业的年复合增长率达到了47%，美国这一数据为5%，全球的平均增长速度是7%。

经历了最初的爆发性发展之后，基金行业正步入稳步增长期。在基金产品日趋同质化的今天，那些有特色的，填补市场空白的，能抓住某一领域投资机会或满足某一种理财需求的产品，正受到追捧。

同时，投资业绩也变得更加重要。有研究显示，业绩越好的基金，的确带来的赎回越大，但申购更大。投资人对基金一年以上的业绩更为敏感，牛市下业绩对申购行为的影响比熊市更为显著。

另一方面，近几年间，基金公司的业务正变得更加多元化。券商统计显示，2007—2008年间，在基金公司的管理费来源中，企业年金、社保以及专户理财的贡献比重在增加。在美国，公募与非公募业务对基金公司的利润贡献各占一半。

目前，成长股投资、债券投资、量化投资领域，以及针对大客户的绝对回报策略，都是富国基金关注的方向。

孙建波　华商基金管理有限公司投资管理部总经理

主要观点

展望未来一段时间，市场可能更多的是“磨”，向上概率仍将大于向下概率。

用纯粹的心态做投资

回顾过去一年的工作，我们比较准确地把握了进退的节奏和品种的选择，体现了整个团队长于前瞻、精于布局、勇于决断的特点，这是我们在今后仍要坚持的。

“前瞻”、“布局”这些词，听起来容易，可做起来很难。中国的资本市场看起来纷繁复杂，充满了噪音，但是绝对有规律可循。作为专业投资者，一定要找到这种规律，把握经济发展背后的逻辑，并据此找到投资的方向和线索。只要看得比别人长远一些，哪怕只提前一个月找到正确的路径，一般来说都会有好的业绩。

例如，2011年初的市场正胶着于对经济即将触底再回升的希望和对通胀、信贷的担心，走得步履蹒跚。但如果把眼光放得更远一些，我认为2011年经济的自主回升态势明显，A股市场将完成估值、板块差距过度偏离之后的修正行情。我们对2011年的经济增长有信心，但是对经济增长速度的期望值并不高。2011年可能先经过一个“类滞胀”的阶段，之后将进入经济复苏增长阶段，这轮增长的内生性更强，也是新的一轮中周期的开始。

如果说，2011年经济增长的确定性大，这是股市发展的最大正面因素，那么，通货膨胀和与此相应的宏观调控措施，将是2011年股市发展的最大不确定性因素。我们认为通货膨胀的两大推手——生产要素价格的趋势性变动和货币的超发在未来几年仍将存在，因此对通货膨胀仍将保持审慎的看法。我们认为由于权重股的估值很低，下跌空间有限，所以展望未来一段时间，市场可能更多的是“磨”，向上概率仍将大于向下概率。

更为突出的是，2011年市场将出现分化。尤其是2010年涨幅过大的非周期性股票间的分化。真正受益于经济转型、有竞争优势或壁垒的企业，即使短期跌倒了也能继续爬起来；而只讲故事、实则没有竞争优势和企业赢利预期的公司，将被市场抛弃。

常有媒体朋友问我，2010年拿到基金行业收益冠军后，心态上有什么样的变化？2011年是我从事证券投资行业的第13年了，在这个过程中最大的感悟就是，投资是一件纯粹的事情，需要以纯粹的心态来投入。我承认，作为一名专业投资者，从自我成就、自我实现的角度来说，当然梦想每年都取得好的投资业绩，在行业内排名前列。但梦想归梦想，做投资的时候一定要保持平常的心态，才能拥有冷静清醒的头脑，不断地审视市场可能发生的变化，反思自己的投资逻辑是不是正确，因此，绝不能让名利来束缚自己的思想和行为。

殷克胜　金鹰基金管理有限公司总经理

主要观点

个人投资者在股市中赚钱变得越来越难，个人已经很难有足够的精力与确切的信息去把握市场的变化。

用业绩回报信任

中国资本市场经过20年的发展，目前市值已经位居全球市场第二。

但是，随着股市的发展，中国市场的变化也越来越复杂，主要表现在几个方面：

第一，中国经济与世界经济特别是欧美经济的联系日益增强。

第二，股票市场与商品市场的关系日益紧密，世界成为大宗商品市场。

第三，股市中的上市公司数量越来越多，参与机构越来越多，市场的体系日益丰富。

第四，2008年世界金融危机爆发，中国经济与世界经济的变化走势变得异常复杂，从各国一致放宽货币政策到目前的新兴市场通胀上升、货币紧缩以及美国仍然宽松的货币政策，这些相互不是很协调的政策让经济走势变得扑朔迷离。

这些变化，让个人投资者在股市中赚钱变得越来越难，个人已经很难有足够的精力与确切的信息去把握市场的变化。但是另一方面，中国的居民收入增长很快。目前，个人存款超过30万亿元，这对投资理财提出了更多的要求。基金管理公司也正是顺应这种市场变化而产生和发展的。

2011年的资本市场，中国经济在防通胀、保增长的主题下，在稳健的货币政策和积极的财政政策大背景下，经过2010年中小市值股票的大幅上升，市场的发展将面临着很多不确定因素的影响，如加息、存款准备金率的上调、国际板的推出、市场投资风格的转换等等。

这些将令2011年的股市变化更加复杂，金鹰基金将本着“进取、求实、稳健、规范”的理念以及专业、诚信的服务，力争为广大投资人创造更好的投资回报。

许小松　国联安基金管理有限公司总经理

主要观点

市场的力量非常强大，每个参与者、基金公司都在博弈，这从本质上来讲就是市场化。

有一种力量叫坚持

对于国联安来说，2010年的关键词是“创新”。在过去一段时间非常严酷的市场环境下，国联安的策略是产品与渠道双创新。

2010年我们以产品创新为先导，先后推出的3只新基金各具特色。双禧分级基金的表现是2010年市场的一个亮点，这只产品从构想到最终发行，我们用了整整一年时间，就像我们自己的孩子一样，我们珍惜这样的产品。

信心增益债券基金是独家引入了首年封闭运作的创新设计，通过减少基金流动性冲击来提升基金整体回报。双禧基金和信心增益债基的运行是国联安产品与投资并行策略的实践，是洞悉客户需求，并满足客户需求的实践，在此基础之上我们又推出大宗商品股票ETF，这只产品独到之处在于为投资者提供一站式投资稀缺资源的良机。

如果说从公司规模和效益的角度来看，ETF也好、分级基金也好，或许都不是最具回报性的选择，但是我们愿意走在产品创新的前沿，我们也希望能够为关心和支持国联安的投资人继续奉献人无我有的投资品种。

渠道方面，国联安的策略是寻找同盟军，我们过去一年先后开发了中信银行、浦发银行等全新渠道，并完成了与中国银行的首次深度合作。我们在激烈的市场竞争中寻找欣赏和肯定国联安的核心合作伙伴，并根据渠道的客户差异，为他们提供“定制化”的产品，这一思路也获得了渠道客户的认同，这也是我们2010年创新思维的重要体现。

对于整个行业来说，2010年的关键词则是“调整”。这种调整缘于2007年基金行业的透支发展。2004年底，基金行业只有153只基金，资产规模大概在3000亿元。到了2007年10月份，基金只数猛增到330只，资产规模超过3万亿元，三年时间增加了近10倍。

与之相对应的是基金客户的大跃进。2006年以前，基金的份额一半以上由机构持有，个人投资者只撑起小半边天。2006年末，基金投资者户数历史性地超越1000万户，而到了2007年末，基金投资者户数已经超过1亿户，预计涉及中国1/4的家庭。

对于尚年轻的基金行业来说，2006年、2007年的过快发展带来了一些“成长的烦恼”：从牛市走来的基民开始不满意基金在熊市中的表现、资产管理规模锐减、基金公司内部股权纷争、人员流失等等。这些“烦恼”让整个行业的前进步伐显得有些沉重。不过，整个行业并未停滞发展，甚至还在孕育新的变化，这些将是未来行业发展的动力。这个变化就是“市场化”，且趋势不可逆转。市场的力量非常强大，每个参与者、基金公司都在博弈，这从本质上来讲就是市场化。

尽管成长有烦恼，市场有风险，但纷繁芜杂的现象背后有着简单质朴的道理，“涨多必跌、跌多必涨”。在涨涨跌跌中，我们相信有一种力量叫坚持。我们的坚持，并非凌空虚蹈，也不随波逐流。当我们叙述对未来的信心时，我们平静而坚定，因为我们有着共同的信念：看好中国经济。我们知道，没有任何东西比信心更为珍贵，也从没有任何一个时代有这样多的波折，同时也有这样多的希望。

正如毛主席所说：愿把此身炽烈，化为融融光热，四季如春时。

桂水发　汇添富基金管理有限公司董事长

主要观点

投资中要尽量摒弃惯性的思维，不能被短期的思维所影响，要真正做到冷静思考，沉着应对。一切从长期出发，才能做好投资。

与投资者分享结构调整、产业转型的好风光

中国经济高速增长因均衡点没有着落，导致结构性失衡，通货膨胀，资产泡沫，物价飞涨，再次将人们拖回到沉重的现实中。政策，计划，控制，再次高频率出现。

政策的多空胶着让股市飘忽不定，市场底隐现，但政策底未明。财政政策不再只标积极，货币政策不再谈宽松，利率政策不再说保值。宏观调控，有些部门像驾驶着缺乏导航仪的赛车在沙漠里前行。

中国的进步就在这悲喜交加之中，昨与今如此，百载千年如是。展望2011年，宏观经济政策的基本取向是积极稳健、审慎灵活。“积极”是要继续发展经济，“稳健”是要控制通胀，二者分别对应两大政策：积极的财政政策和稳健的货币政策。一方面，面临严峻的就业问题，要保持一定的经济增长速度，所以要“积极”、“灵活”；另一方面，现在我们面临的通胀压力很大，要防止经济过热，所以要“稳健”、“审慎”。

在当前经济转型的大背景下，以新能源、新材料、节能环保、生物医药、信息技术等为代表的新兴产业和大消费产业将获得更多持续增长的空间，那些符合结构调整方向并有实际竞争力和业绩支撑的企业，将在中长期为投资者创造更多的价值。

“十二五”规划明确提出，未来五年将把经济工作重心从过去的提升经济总量转变到提高经济发展质量上来，调整经济结构是未来持续的政策主线，也是未来的投资主线。紧跟“十二五”规划中的调结构这一主线，挖掘受益行业及相关个股将是一条应对2011年市场不确定性的有效投资思路。

在这条主线下，有三点尤其值得引起重视：第一点是国家将坚持扩大内需，保持经济平稳较快发展，逐步使我国国内市场总规模位居世界前列。第二点是政府将发展现代产业体系，提高产业核心竞争力，改造提升制造业、培育发展战略性新兴产业。第三点就是我国将加快建设资源节约型、环境友好型社会，提高生态文明水平，大力发展循环经济，加强资源节约和管理。这三点政策倾向其实已经预示了未来将充分受益于经济结构转型的行业——大消费、医药、战略性新兴产业、服务业和区域发展等无疑都在其中。

作为一家专业的资产管理公司，如何确定大的市场主题、驱动团队作更深入的行业研究，是我们始终关注和积极思考的。而这一切都需要冷静开放的思维。人总是对最近的那次经验印象深刻，但是仅凭最近的经验做事，往往错误的概率较高，因此，投资中要尽量摒弃惯性的思维，不能被短期的思维所影响，要真正做到冷静思考，沉着应对。一切从长期出发，才能做好投资。

我们认为，对于行业和上市公司的前景，绝不能以一成不变的思维去看待。在2006年、2007年，市场更喜欢的是确定性的业绩，而在现在的市场环境中，世界和中国经济结构调整所带来的投资环境的变化更需要高度关注。在世界和中国经济结构大调整中，未来将会出现一大批增值几十倍甚至上百倍的牛股。前瞻性地寻找到这些股票并坚定持有从而为投资者创造持续稳定增长的较高长期投资收益，正是汇添富基金团队为之奋斗不已的共同目标。

不畏浮云遮望眼，只缘长期见价值，投资不是投机，价值在于长期。我们旗下基金虽在2010年及过去数年里取得了良好业绩，但面对2011年，我们坚信“明年春色倍还人”，我们将继续秉承长期投资制胜的理念，精选具有核心竞争力及特殊经营权的公司进行中长期配置，与投资者共同分享结构调整、产业转型的好风光。

肖　风　博时基金管理有限公司总裁

主要观点

人们对越来越多的纸币越来越没有信心，只能拿纸币去换硬通货。因此黄金及其他资源类的东西受到追捧，价格大涨，房产也将是受益的品种。

在货币巨潮中创新发展

货币巨潮来临各筑各的堤坝

最为牵动全球金融市场心弦的美国第二轮量化宽松（QE2）政策于2010年11月初浮出水面，6000亿美元的美国长期国债购买量让全世界忧心，大家普遍认为这将导致美元在全球泛滥，美元大幅贬值。为本国利益计，也许各国都会大发货币，一场全球货币大战正在酝酿。

货币大战也许最终不会发生，或不会大规模发生。但2010年10月5日日本干预日元从而引起全球市场（包括A股）剧烈波动的现象，却可能是未来一年市场趋势的一场预演或序幕。有人问到2010年10月份市场意外上涨的原因，我们能找到的答案绝不是全球经济复苏，只能是全球货币泛滥。人们对越来越多的纸币越来越没有信心，只能拿纸币去换硬通货。因此黄金及其他资源类的东西受到追捧，价格大涨，房产也将是受益的品种。

全球大量热钱首选流入包括中国在内的新兴市场，看看2010年回报最高的十大股市，一半在亚洲，一半在南美。

如果美国开始实施QE2，那么中国是以升息应对好，还是升值应对好呢？显然，升值比升息要好。对于中国投资者来说，货币主题下的投资，还有一层意义，那就是人民币升值。

在未来的一年，博时基金将继续秉承“投资价值发现者”这一理念，密切关注货币主题的投资，积极“为国民创造财富”。

创新是基金发展与投资的原动力

回首基金业12年，没人预料到它能够有如此快的发展速度，全行业资产管理规模从几百亿元成长到今天接近3万亿元。过去的12年，是创新推动中国基金业取得了超常规发展。从封闭式基金到开放式基金，从股票基金到各类固定收益基金，从单一类型基金到伞形系列产品、ETF及联接基金、分级基金，我们通过不断学习与创新，走完了许多国家二三十年的发展历程。

现在，我们必须面对这样一个环境——投资者对基金的认识越来越理性，投资者越来越稳定，未来不大可能再现之前的基金狂热。印第安人有句名言：“如果我们走得太快，停一停，让灵魂跟上来！”未来两三年基金行业可能进入一个相对平缓的发展阶段，业界人士不妨趁机夯实基础、练好内功、在公司架构与人才队伍的管理方面尝试创新，在产品研发与市场运作方面尝试创新。

正如美国著名经济学家托马斯·彼得斯所说：“不要老是分享市场，而要考虑创造市场。”开发新产品，提供新服务，开拓占领新市场，将在很长一段时间内赋予基金公司以新的竞争优势和增值能力。1995年，我去参观芝加哥期货交易所时，交易所宣传小册子的标题是“从大豆到债券”。而现在，QDII制度已经允许国内基金投资于大宗商品的ETF，中国基金业产品也可以很快实现从债券到大豆的投资，产品创新还有拓展的空间。

“80后”、“90后”的成长将成为基金业未来20年稳步发展的基石。这一代人的成长历程，将在很大程度上决定我们长期资产配置的方向，决定我们的投资是否能够赢在未来！因为他们的诉求将改变企业的商业模式及赢利模式，他们更强的自信心将催生中国的世界名牌，他们对时尚体验的追求将推动中国的创意产业，他们对环境的友好意识将扩大新能源的市场，他们强烈的消费意愿将使银行加快发展消费信贷业务，促进银行转型……未来的十年，那些漠视“80后”、“90后”需求的企业，将会萎缩甚至被淘汰；那些创新力强，能够满足“80后”、“90后”需求的企业将蓬勃发展。

中国的“80后”、“90后”的群体特征显示出他们的消费需求会更高，这将有助于经济的成功转型，也决定了我们长期投资的成败。

李克难　平安大华基金管理有限公司总经理

主要观点

无论是股票、基金、外汇还是贵金属等等，都是现在受欢迎的投资工具，应该多了解掌握相关理财知识，再结合家庭理财目标，以保障家庭财产安全为前提进行选择。

中国家庭理财任重而道远

刚刚过去的2010年，对于中国资本市场和基金行业而言，都是一个值得纪念的年份。股指期货和融资融券业务正式推出，标志着中国资本市场逐渐走向成熟，做空机制的推出改变了中国证券市场的单边运作模式，全新杠杆工具的亮相让机构投资者有了更多的避险和获利手段。新基金公司牌照再次发放，基金行业又添新成员，获批基金公司达到63家，同时基金新增产品审批通道，产品创新层出不穷，新成立基金数量创纪录地接近150只。

回首2010年，经历了股市震荡、债市回调、金市高企、楼市疯狂、菜市高涨之后，我深刻地感觉到老百姓越来越关心如何通过家庭理财来实现家庭财富的保值。假如说，曾经“你不理财，财不理你”的赚钱效应是普通投资者的理财驱动力，那么在2010年，面对“蒜你狠”、“豆你玩”等等消费品价格的戏剧性上涨，在薪水没有明显增长的情况下，大家都感觉到资产正在一天天地“被缩水”。通胀的压力已经让很多家庭考虑必须主动出击、力压通胀。理财的需求可以说已经深入每个人的生活，理财规划成为每一个家庭的必修课。

展望2011年，继1998年我国为应对亚洲金融危机而实施积极的财政政策和稳健的货币政策之后，宏观经济政策再现“一松一稳”的调控组合。可以预计，2011年的宏观调控将更具针对性和灵活性，政策预判的难度在不断加大，系统性机会和系统性风险相伴而存。因此，2011年将会是更加讲究资产配置的一年，也是更加考验投资技巧的一年，如何借助专业理财的力量实现财富目标也是每个家庭理财需要面对的问题。

从目前来看，尽管中国家庭的理财意识在不断提高，但是受限于自身和外部制约因素，理财手段和理财能力还不是很强。无论是由于主动或被动，大部分的中国家庭仍然以储蓄作为家庭理财的首选。适度储蓄目前对于所有家庭而言仍然是必要的，但根据目前的利率和物价水平，银行储蓄实际上无法保证财产的保值，更不必谈增值。在赚取钱财的同时，如何对家庭财富进行合理的分配和管理？从大类资产配置的方法来看，家庭理财可以考虑采取三分法。具体来说，首先可以适度储蓄，但不要把全部的钱都存进银行，将一年左右的工资拿来储蓄是可以的，更多则意义不大。其次，为家庭成员购买养老保险也是家庭理财中的一种投资，同时也是一种风险控制手段，选择稳妥的保险品种，可以解除家庭和个人的后顾之忧。更重要的是，每个家庭需要根据自身经济收入情况和风险承受能力，选择一些适合自身的理财产品，谨慎投资。无论是股票、基金、外汇还是贵金属等等，都是现在受欢迎的投资工具，应该多了解掌握相关理财知识，再结合家庭理财目标，以保障家庭财产安全为前提进行选择。

今天谈的是家庭理财，而基金投资在家庭理财中的作用不可忽视。作为一个在中国资产管理业成功运作了12年的投资类别，中国基金业的资产管理规模已经超过3万亿元，基金已成为广大普通家庭参与证券市场、进行投资理财的一大主要方式。经过这12年的发展，中国的基金业已经基本上能够为不同风险偏好的家庭提供不同的基金产品或者基金组合，而且随着近年来基金业不断加大创新力度，将会有更多定制化、专业化、国际化的产品与投资者见面，新的投资理念和投资方式也将得到普及和运用。

正是关注到日益增长的中国家庭理财的需要，作为一家为客户提供专业投资服务的资产管理机构，平安大华将专注服务于中国家庭的投资与理财。在持续关注中国家庭的财务健康、坚持投资理财知识的普及推广的同时，平安大华致力于为投资者提供多样化的基金投资产品和高品质的家庭理财服务。前面的路还很长，我们有信心与千万个中国家庭一同去思考和摸索，帮助中国家庭通过专业的理财获得更加幸福从容的生活。

成保良　招商基金管理有限公司总经理

主要观点

我们预期市场将走出震荡行情，整体策略将转向战略性新兴产业，精选兼具成长性及估值优势的个股。

周期共振，顺“势”而为

当前，世界经济运行态势日趋复杂多变，发达国家经济复苏前景莫测，新兴市场国家经济发展过热；欧美日等发达经济体试图采取更宽松的货币政策，而新兴市场国家已启动加息进程，货币政策趋向从紧；国内通胀压力不断加大，货币政策也由“适度宽松”逐步回归“稳健”，央行回收流动性的政策取向日益明显。

进入2011年，我国经济将面临政治周期和产能中周期共振的局面。一方面，2011年为地方政府换届之年和“十二五”元年，投资扩张的冲击持续存在。另一方面，产能中周期启动。从中国经济特点来看，十年一个周期，当前正处于2002年以来重工化产能中周期的末端和以先进制造业和新兴产业为代表的下一轮产能周期的开始。周期共振下，鉴于积极财政政策的实施，2011年度我国宏观经济可以保持乐观预期，上市公司赢利也可维持高位，因此将给市场提供较高的安全边际。

基于我们对通胀形势和市场的判断，2011年上下半年将适合不同的操作策略：上半年，通胀高位、货币政策压力较大，可能会构建攻守兼备的哑铃形组合，积极关注估值安全边际较高的中大盘蓝筹股；下半年，流动性存在不确定性，我们预期市场将走出震荡行情，整体策略将转向战略性新兴产业，精选兼具成长性及估值优势的个股。

随着国家经济结构的调整，资本市场所面临的宏观经济环境发生了巨大变化，职业投资人的投资理念和投资策略，也应当因“势”而变。

我们期待着与广大投资人一道，抓住财富“微笑曲线”的右端，收获“十二五”开局之年资本市场带给我们的利益与喜悦。

邓召明　鹏华基金管理有限公司总裁

主要观点

基金公司的专业基本功将成为吸引客户、获得发展机遇的关键性因素。

专业化基金公司才能给客户带来真正价值

在基金行业发展驶入第13年快车道之际，监管层强调要将基金公司建设成为专业精良、治理完善、诚信合规、运作稳健的现代资产管理机构，也提出要“加强监管、放松管制”。这意味着，基金公司的专业基本功将成为吸引客户、获得发展机遇的关键性因素。经过近三年的努力，鹏华基金苦练基本功，通过优化公司的流程制度，目前在产品研发、投资能力、风控能力、后台运营和团队建设等方面都呈现出专业化风采。

在充满不确定性的资本市场中，如何识别和控制风险已成为基金行业生存与发展的生命线。近两年，鹏华基金成功做到了重大交易“零失误”，这在2009年和2010年大量新股申购的情况下是极为难得的。鹏华基金认为，风险管理优先于业务发展，全面企业风险管理的设计理念有效实现了公司政策、流程、人员、技术和知识的充分融合，使公司的业务运营能够充分了解和利用多种风险类别的多元化影响，以平衡风险和收益，保障风险应对措施的有效实施，为投资业务的可持续发展建立长效保障机制。2011年1月18日，在由德勤和清华大学共同举办的中国企业“风险智能榜”评选活动中，鹏华基金与中国电力、中海油等25家企业一并上榜，并成为唯一一家上榜的证券金融企业。这表明鹏华基金的风险管理富于建设性和创新性，并已得到了专业机构的充分肯定，稳健经营、规范运作的鲜明形象已为市场熟知和认可。

为客户提供专业化服务是鹏华的宗旨，优秀的客服需要专业化、系统化的信息平台，鹏华基金的信息技术平台已经初步形成，信息技术开发和维护队伍也比较齐备，信息系统的框架逐步完善，逐步建立起业务、管理、决策三大平台和数据、服务、流程、展示四层整合。通过专业化的信息平台，鹏华基金得以有效提升企业管理、服务、沟通等方面的效率，并且全面提高数据的安全性和稳定性。2010年8月，鹏华基金还获得《证券时报》评选的“2010年度金融机构IT创新十强”殊荣，得到金融机构和IT业界的高度认可。

人才的专业化是鹏华基金的核心竞争力，因此，鹏华基金坚持以人为本的人才战略，帮助员工提升价值，把员工的成长放在更加突出的位置。通过不断完善科学量化的绩效考核体系，鹏华基金将每名员工的个人职业发展与公司的业务发展目标相结合，努力为员工创造公正、公开和公平的环境，激发员工的工作热情和积极性。另一方面，秉承“培训是公司绩效的永动机，是提高员工满意度的有效手段”的理念，不断推进公司学习型组织建设，建立并健全公司培训管理体系，以满足员工充实自我、发展自我的需求。同时，鹏华基金充分重视企业文化建设在凝聚团队战斗力和向心力中的关键作用，鼓励主动做事和大胆创新，营造追求卓越、开拓进取的企业文化氛围。

专业化的基金公司才能给客户带来真正的价值。只有那些充分尊重客户选择权、同时为客户提供更多专业化服务的基金公司，才会延续中国基金业快速成长的奇迹。在投研、营销、风控管理、产品研发和后台运营各个层面，鹏华基金都配备了具备专业精神的人才队伍，力求实现向客户提供更加专业化的投资服务。

鹏华基金作为最早成立的基金公司之一，见证了基金行业的变革和荣耀，亲历了制度创新、投资价值体系转变、产品创新的每一次热潮。2011年，无疑将是中国基金史上新局迭起的一年。鹏华基金将坚持构建专业精良的业务团队，基于深入基本面研究的长期价值投资理念，持续开发符合投资者需求的创新产品，实施一流的投资风险管理，拓展高效的销售渠道，提供优质的客户服务，以长期稳定的优秀投资业绩回报投资人。

尚　健　国投瑞银基金管理有限公司总经理

主要观点

资产配置决定着90%的投资收益，而个股选择和交易时点的掌握则只能影响10%的获利机会。

面对复杂回归简单

经济转型一声号令，2010年的中国资本市场的新兴产业主题投资概念风生水起。2011年，“十二五”规划真正开局，直面转型过程中的各类机遇与挑战，国内外的投资环境也将更趋复杂。“美国量化宽松”与“国内宏观紧缩”的博弈，“通胀”与“经济增速”的纠结，“大盘股”与“中小盘”的切换，“传统行业”与“新兴产业”的争议，也会始终处于相机抉择和持续分歧之中，反映在资本市场则是连续而剧烈的震荡。

在大浪淘沙的市场环境下，充分借助专业“掘金者”的优势或许能更好地分享结构市的投资机遇。这不禁让我想起投资大师约翰·博格尔的一句名言：“面对复杂，请回归简单。”

虽然我们常说，在通货膨胀不断使资产贬值的时代，不投资是最大的风险，但是，投资一定不能是盲目和激进的。结合海外的长期历史数据来看，这一阶段股市的表现相对还是不错的，积极型的投资者仍可持有一定的权益类资产，但也要关注可能会出现的浅滩和乱流，做好资产的配置，才能在汹涌的资本潮流中驶得万年船。

我们无法避免股票市场短期下跌而带来的净值缩水，但投资者可以通过构建有效的投资组合，适度配置风险较低的债券基金等固定收益类产品来取得收益。有实证研究表明：资产配置决定着90%的投资收益，而个股选择和交易时点的掌握则只能影响10%的获利机会。

在匆忙而喧嚣的资本市场中，跌宕起伏的高点低点让我们渐渐失去了简单的思维。一年又一年就这样接踵而至，有时候战胜错综复杂的市场，不一定要到处打听消息、进行频繁的波段操作、历经坎坷波折那么复杂，正所谓大道至简，用简单而持久的投资信念去收获投资的春天，我相信“明年春色倍还人”。

田仁灿　海富通基金管理有限公司总裁

主要观点

面对无法避免的市场波动、无法简单预测的短期趋势，选择一个合适的管理人，成为投资者正确的选择。

寻找“幸福投资”密码

2010年，沪深股市展现了宽幅震荡走势，而海外市场却风景独好，这与众多市场预测者的预测大相径庭。

市场的魅力在于这种不确定性，这也再次证明短期趋势并不像经济学家预测的那么精确。

面对市场波动，海富通更关心如何让投资者“幸福投资”。

在海富通开展的“幸福投资”研究中，有这样一个非常有趣的心理测验：让参加测验的人在不同市场点位时，预测一年以后的股市指数点位。最后的统计结果是：绝大部分人预测一年以后的市场点位和填写当天的市场点位相差无几。当眼前市场走好时，大多数人预测后市看好；当市场走弱时，大多数人看淡后市。

在心理学上，这种情况被称为“锚定效应”：刚刚发生的趋势和当时的点位诱导了投资者对未来的预测。很多投资者，甚至专业机构往往毫不犹豫地对现在的点位“下锚”，并根据当前的短期走势对未来进行预测。

面对无法避免的市场波动、无法简单预测的短期趋势，选择一个合适的管理人，成为投资者正确的选择。但事实证明，很多基金投资者，还并不十分了解基金管理公司。在我看来，基金行业是一个人才集聚的行业，一个团队稳定的管理人才可能有时间、有精力、有希望成为一个真正好的管理人。

归根结底，投资的最终目的是让投资者的人生及家庭更为幸福。2011年，海富通将与您进行更密切的沟通，帮助分析投资者的风险偏好、性格特征，结合投资者常常容易依据直觉陷入判断的误区，提供给投资者进行理性投资的“密码”，以求更好地让投资者提升投资幸福感。

希望您和海富通继续持之以恒，实现稳中有胜的投资目标，最终完成自己的幸福投资。

第七部分

银行保险投资理念

- 理财投资应有国际视野
- 以理性和智慧管理资产
- 资本管理是现代银行经营发展的重要前提
- 稳定增长是财富积累之源
- 银行经营的就是风险
- 小微企业的金融服务是一片蓝海
- 关注短期理财产品
- 因投资者理财需求而变

毕鹏飞

法国兴业银行有限公司商业及个人银行业务首席执行官

主要观点

投资渠道的选择从某种意义上说比投资标的的选择更为重要。

理财投资应有国际视野

2010年中国经济虎虎生威，成为引领世界经济走向复苏的关键力量，也一跃成为世界第二大经济体。超过10%的年经济增长率在世界主要经济体中独占鳌头。在2010年，法国兴业银行与广大中国朋友一道从中分享经济快速增长带来的成果。相信在2011年，中国经济将继续表现出活泼的特征，继续为整个世界提供发展机遇。

把握海外市场投资机遇

与中国经济持续高速发展并成为世界第二大经济体相对应的是，现在中国市场资本越来越充裕，从30年前竭尽全力寻求外部资本用以发展经济转变为目前的资本输出。普通民众的理财方式也从简单的银行存款拓展到债券、股票、基金、期货、外汇、保险、房产、黄金、艺术品收藏等诸多领域。

从只有银行这种金融服务机构发展到银行、证券交易所、基金管理公司、期货交易所、黄金交易所、保险公司、私募基金机构、房产开发及房产中介公司、艺术品拍卖行等众多金融理财服务机构，为客户提供越来越个性化的服务。

2010年，中国市场新生的创业板迅速壮大，股指期货等新品种陆续登台，私募基金等理财管理机构蓬勃发展。2011年，国际板等也有望推出，投资品种和投资渠道更为多元化。理财产品和理财机构的快速扩张反映的是中国民众财富的逐步积累以及理财需求的迅速增长。

现在是一个全球化的时代，预计在新的一年中发达经济体经济复苏势头将更为明确，也有望提供更多的投资机会。

法兴银行个人银行在近两年面向广大投资者逐步推出不同类型的财富管理产品的过程中，在保值的基础上追求资产增值，向投资者提供资产配置的建议及理财方案。针对中高端客户的不同需求，我们也在本外币理财产品、保险产品、贷款类等产品上提供了不同的产品选择。

法兴银行的“兴随我动”、“兴安利得”、“兴满溢得”投资产品均在市场上受到不同风险偏好投资者的认可及好评。2011年法兴银行还将推出“境外代客理财业务”，让国内投资者分享到更多的国际市场机会。中国政府也在鼓励民众走出去以缓解人民币升值的压力。未来投资海外市场的趋势将有望延续和加速。

投资渠道的选择比投资标的更为重要

由于中国经济持续快速发展，中国社会财富以比较快速的方式积累，理财需求也与日俱增。与旺盛的理财需求形成鲜明对比的是，中国投资人对理财产品的认识、理财知识的掌握、理财渠道的运用以及理财产品的配置知识水平都有待提高，对于理财风险的控制和如何分散理财风险还处于探索阶段。快速发展的中国金融机构也存在类似的情形。

在这种情况下，咨询有经验的机构投资者是获取机会、规避风险并增长相应理财知识的不错选择，比如银行的个人银行部门及财富管理中心，这远比自己摸着石头过河要成长得快。投资渠道的选择从某种意义上说比投资标的的选择更为重要。

众所周知，法国兴业银行集团在股票衍生产品、可转换债券、出口融资等方面位于世界领先地位。法国兴业银行集团也有自己强大的“资产管理”业务：2004年2月，法兴银行建立了一个新的部门SG GSSI（全球投资者证券服务），向全球投资者提供证券和上市的金融衍生品的全面服务。

陈德贤　中国平安资产管理公司董事长兼CEO

主要观点

“投资是一场长跑”——最终的胜者多不在于最后阶段的冲刺，而在于每一段的稳定发挥和优势积累。

以理性和智慧管理资产

对于广大投资者而言，2010年的中国资本市场依然有些寒意，股票市场全年收跌，年度表现在涨多跌少的全球股市中落后；债券市场的先扬后抑也让投资者深刻感受到宏观调控政策的影响力。市场让每个参与者都深刻地意识到“投资是一场长跑”——最终的胜者多不在于最后阶段的冲刺，而在于每一段的稳定发挥和优势积累。无论是机构的资产管理，还是个人的理财规划，概莫能外。

在平安集团纵跨“保险、银行、投资”的综合金融战略中，平安资产作为“投资”系列的核心成员之一，在管理保险资金投资运作的同时，积极开拓和发展第三方业务，如受托管理中小保险公司资金、担任投资顾问、研发债券/股权计划产品并向保险同业发售等。

众所周知，由于资金特点和监管要求，保险资金投资对安全性、收益性与流动性的要求更高。作为以管理保险资金为主的保险系资产管理公司，平安资产更是将“稳健”置于首位。在过去的数年中，平安资产立足高起点、高标准，不断完善业内领先的投资业务平台，同时依托全球研究平台对宏观经济的把握、高效运营平台对投资的全方位支持，实现了投资业绩的持续稳定。即使在2010年资本市场极具挑战的环境下，我们依然精准把握了全年债券市场实现赢利的最佳时机，也有效分享了下半年股市反弹的收益，实现了委托人的投资目标。2009年、2010年连续入选国际著名财经杂志《机构投资者》（*Institutional Investor*）评选的“亚洲百强资产管理机构”，与中投公司、全国社保基金等共列中国区四强，充分体现了业界对平安资产的认可和肯定。

“以理性与智慧管理资产，以专业与忠诚保障未来”，这是平安资产人恪守的信条，也是我们对投资者的承诺。作为管理6000多亿元资产的超大型机构投资者，在市场日趋狂热之时我们需要以理性对待，保持清醒的头脑；当市场人气低迷之际我们更需要以智慧拨开迷雾，发现真正具有投资价值却被错杀的投资品种。惟其如此，在市场的纷繁变化中，才能保持方向，稳健迈向我们和投资人的目标。

2011年是“十二五”规划开局之年，调整经济结构被放在更重要的位置，国内资本市场的影响因素更加复杂。随着货币政策转为审慎，市场普遍预期2011年或将多次加息。对于固定收益投资占比最大的保险资金而言，加息最直接的影响体现在协议存款利率随之提升，同时债券收益率也会有所提高。但同时加息也将导致市场资金成本上升，对权益类投资品种或会带来一定负面影响，2011年的股票市场是否将是继续夯实基础的一年？市场会给出它的答案。

理性与智慧，是上天赋予每个人的礼物，在此与所有投资者共勉，也希望未来平安资产能够为更多的投资者提供专业资产管理服务，以我们的专业为您创造财富价值！

陈小宪　中信银行行长

主要观点

2011年是我国“十二五”规划的开局之年。这一年，中国银行业将在万众瞩目中迎来备受期待的战略转型之年。

资本管理是现代银行经营发展的重要前提

2011年是我国“十二五”规划的开局之年。这一年，中国银行业将在万众瞩目中迎来备受期待的战略转型之年。

新的时代背景下，中国经济增长的内生和外在动力依然强劲，随着4万亿元投资拉动的后续效应释放，投资、消费、进出口都将保持较高增速，诸多涉及国民收入分配、城镇化、战略性新兴产业、社会保障、民间投资、现代服务业等领域的国内政策措施正在陆续出台，为银行业大力拓展理财、个人信贷、小企业、投行、托管等新兴业务创造了有利条件。

但我们也清楚地看到，2011年的中央政府“稳货币，宽财政”的组合发展思路将从经济政策层面上对银行业发展形成更大的制约，金融行业的全面改革以及通胀预期上升背景下的利率调整也将对银行资产的重新定价能力提出挑战，并施以更加严格的监管约束。

放眼全球，国际金融监管改革的全面推进已是大势所趋。国际金融监管标准已进一步得到强化，体现在微观上强化资本监管、中观上扩大监管范围、宏观上强化对系统重要金融机构的监管和逆周期管理。

可见，伴随着中国经济增长方式的转变、经济结构的调整、金融业改革的深化，以及国内外金融监管形势的巨变，国内银行业的生存发展环境正在发生深刻的变革，经营压力骤然加大，赢利能力面临更加严苛的考验。为此，在加快推进战略转型、探索新的经营发展模式上，国际金融监管改革给了中国商业银行一些重要的启示。

目前来看，回归银行稳健经营的本源是银行业发展的迫切需求。国际银行资本监管强化这一趋势传导至国内后，其在银行业的表现在于贷款规模和总量的控制。监管部门实施“一严一控”的总体措施，既要求提高资本比例，又要求控制资本补充时间。这使得银行经营中更多本源性的要素重新清晰地显现出来，并要求银行发放有质量的贷款，谨慎考虑资本消耗和利润，追求稳定增长。

此外，银行业还有一个共同的责任，就是要不断推进资本管理的进步。这就要求银行业全面引进经济资本概念，强化风险计量，对经营绩效实施经济资本调整，强化银行对风险资产的自我约束，树立资本有限性和有偿使用的观念，加快建立与国际先进银行接轨的经济资本约束机制。摈弃传统经营偏见，正确认识银行规模的有限性，充分认识银行风险必须覆盖，明确设定银行长短期目标，应是中国商业银行在实践战略转型中的重要内容。

中信银行在过去五年多的发展历程中已清晰地认识到了资本管理的重要性，逐步树立了“坚持效益、质量、规模的协调发展，坚持追求滤掉风险的真实利润，坚持稳定增长的市值，坚持努力走在中外银行竞争前列”的经营理念，较早地引入了经济利润和风险资本回报考核指标，逐渐加大了FTP管理，提高了对RAROC原理的认识。实践证明，中信银行坚持的经营理念，恰恰是现代银行所追求的目标。

2010年，在复杂的形势下，中信银行紧紧围绕“调结构、强管理、促发展”的工作指导思想，克服困难，开拓进取，在经营业绩、业务发展、结构调整、科学管理等方面实现了新的跨越。预计2010年中信银行归属于母公司股东的净利润较上年同期增长50%以上，不良贷款余额和不良贷款率持续双降，拨备覆盖率超过200%。

2011年，面对世界经济增长和动荡交织、金融监管明显强化的环境，中信银行将以“转型、提升、发展”为核心，深化经营理念，实施资本约束管理，走低资本消耗之路，进一步提升经营效益和资产质量，在发展机遇中迎接挑战，为实现中信银行健康、可持续发展，再接再厉，再攀高峰。

丁　伟　招商银行股份有限公司副行长

主要观点

规避风险意味着减少损失，常年积累下来，最终收益就非常可观。抛弃一夜暴富的幻想，通过可见的逐步积累来达到理财目标会令您的财富规划更加容易成为现实。

稳定增长是财富积累之源

2001年9月，第一只开放式股票型基金发售。适逢熊市，只有少数较熟的客户及有国外投资经验的客户来银行购买。一线零售员工为了打开局面，自己开户甘当吃螃蟹的人，取得经验后再向客户推介。正是在他们润物细无声式的不懈努力下，基金成为中国投资者教育最为成熟的几个领域之一。也正是他们当年种下了种子，令许多零售理财经理在2007年收获了人生第一桶金。

2004年9月，第一只银行理财产品面世。此类产品既满足了客户对高收益产品的需求，又满足了机构市场需求。于是在短短数年时间里，业务规模取得跨越式发展。由于步子迈得过快，在市场牛熊转换的关口我们遇到了一些问题。但是，我们始终秉承“客户需求优先”的原则，以满足客户多样化资产配置要求为己任，积极创新，不断进取。

2007年8月，中国首家股份制商业银行私人银行中心剪彩。此后，私人银行如雨后春笋般纷纷出现在中国大地。以财富管理为核心、以高层次人才为支撑、以研究分析为手段、以专业化服务为特色的高端个性化金融服务正式步入中国高净值客户的生活。

展望下一个十年，我们对未来充满信心，我们对中国零售银行业务更加充满信心！

未来十年将是转型的十年。中国经济将告别过去以高能耗、高投资为特征的外向型增长模式，步入以内需为引导的新时代。我们现在已经是全球第二大经济体，未来我们还将做得更好。

未来十年将是零售业蓬勃发展的十年。中国经济体制改革进展到今天，很多核心要素的变革开始被提上议事日程，利率市场化有望在新十年里取得突破式发展。届时，中间业务收入将成为中国银行业利润最主要的几个来源之一。

未来十年将是中国证券市场发展成熟的十年。中国居民参与证券市场的程度将进一步提升，证券市场成为全体居民分享经济增长成果的长期稳定渠道，直接融资和间接融资占比将出现令人欣喜的转变。

在这里，我也想与广大投资者分享一下个人对投资理财的理解。

第一，稳定增长是财富积累之源。巴菲特认为投资的要诀是：1. 不要亏损；2. 还是不要亏损；3. 牢记以上两条。规避风险意味着减少损失，常年积累下来，最终收益就非常可观。抛弃一夜暴富的幻想，通过可见的逐步积累来达到理财目标会令您的财富规划更加容易成为现实。

第二，选择好风险资产的占比。投资理财有个简单的定律：100减去你的年龄就是你合适的股票投资比例。大道至简，这个定律的意思就是，随着年龄增长，股票资产配置的比例要慢慢降低。

第三，财富管理是一个系统性工程。财富管理不是一朝一夕的事情，它具有长期化、专业化、复杂化的特征。专业化和复杂化意味着你需要寻求专业理财经理的帮助，长期化意味着你需要长期关注不断修改自己的财富规划。

第四，建立起复利的概念。巴菲特是全世界投资者的典范，他的平均投资回报率也只有26.5%。股票投资里有个“10年10倍”的故事：每年只需要赢利25.89254%，资金每3年就可以翻一番，每10年就可以增长到10倍。这里面的奇迹就是被爱因斯坦称为世界第八大奇迹的“复利”。

樊大志　华夏银行行长

主要观点

在后金融危机时代，商业银行要取得转型成功，必须有科学的风险文化价值导向，必须全面提升风险经营与管控能力。

银行经营的就是风险

我国商业银行种类众多，经营管理情况各有不同，经营转型的重点、步骤等也有所不同。经营转型要立足于自身发展实际，特别是金融海啸之后，银行转型不但要谋求发展更要兼顾风险控制，防止危机重演。

商业银行在资金筹措、资金清算、资金汇兑、贷款投放等方面的业务，归根结底体现的是中介服务功能。这种中介功能在严格、有效的监管环境下，通过适度的资本杠杆率约束，有效地支撑着商业银行的生存与稳健发展。脱离这个根本去开展创新、开拓新业务，就会误入歧途。

因此，作为经营货币金融业务的特殊企业，我国商业银行经营转型不能放弃优势找优势，不能脱离传统中介服务功能谈转型。一方面，应充分利用国家经济快速发展、机构准入政策宽松、国家利率保护政策等良好经营环境，抓住机遇将传统业务做快、做实、做强、做大，稳步提升自己的财务实力和持续发展能力；另一方面，应居安思危，充分认识自身在各个方面的不足，未雨绸缪，坚定不移地积极探索可持续的发展和经营模式。

其实银行经营的就是风险，在经营风险的过程中实现利润。银行风险种类很多，信用风险、操作风险、流动性风险都只是操作层面上的，中小银行经营转型要更多关注战略性风险。风险管理的核心内涵是风险和收益的合理匹配，商业银行的管理能力也主要体现在风险与收益的匹配能力上。在后金融危机时代，商业银行要取得转型成功，必须有科学的风险文化价值导向，必须全面提升风险经营与管控能力。

理性运用金融创新也非常重要。一方面，银行必须坚持金融创新，没有创新就没有转型。我国商业银行技术创新能力的不足，仍然是参与国际竞争的一个短板。与此同时也必须强化对金融创新的风险管控。期权、期货和资产证券化等金融创新工具设计的初衷是套期保值、对冲风险，一旦成为金融机构获取暴利的工具而远离初衷、铤而走险时，在监管缺失的情况下，其与生俱来的风险会被无限扩大，最终导致整个金融体系的溃决。除此之外，还要加强对金融创新的监管。金融创新游离于监管边缘、超前于监管实践、推动着监管创新，金融创新在运用适度、监管适当的情况下可以提升服务、活跃交易、转移风险、创造价值，促进商业银行业务的健康、良性发展。

值得一提的是，以投资银行业务、资金业务、财富管理业务、财务顾问业务、资产托管业务、新兴支付结算业务等为代表的新兴金融业务不占用或少占用经济资本，营销不过于依赖物理渠道资源，属知识密集型、智能型业务。在利率市场化进程加快、商业银行传统存贷利差缩小、赢利空间面临挑战的背景下，新兴金融业务正成为商业银行新的利润增长点和转型着力点。商业银行发展新兴金融业务，应根据每一项业务的具体特点和本行的管理水平、技术水平、财务实力、内控能力、人才结构、客户结构、网点布局等，选择适合本行特点的多样化发展方式和业务经营模式。一方面，要强化包括投资理财、资产托管等客户金融资产综合管理业务和财务顾问业务，通过大幅提升电子化、网络化等多渠道经营、服务水平和IT服务支撑能力，提升商业银行客户金融资产集约化经营管理水平，通过提供安全、优质、高效、快捷的财富管理服务，满足客户多元化、多样化财富管理需求，大幅提升商业银行经营效益。另一方面，根据自身的经营需要，在能力和实力允许的范围内，可通过控股、参股、融合、渗透等适当的方式，审慎、适度拓展证券、保险、信托、基金、租赁等非银行金融业务领域，拓展服务功能，提升综合经营能力。

洪　崎　中国民生银行行长

主要观点

商业银行必须彻底转变增长方式，尽可能减少业务发展对资本的占用，提高资本的使用效率。

小微企业的金融服务是一片蓝海

2011年1月12日，中国民生银行度过了建行15周年的喜庆日子。中国民生银行成立15周年以来，始终坚持“以客户为中心”的经营理念，通过持续的改革创新为客户提供了优质高效的金融服务。自建行以来，民生银行经历了风雨洗礼，从弱到强不断壮大。

2010年，在民生银行发展历史上具有里程碑意义。在这一年里，民生银行开始进入“二次腾飞”阶段。民生银行将用三到五年的时间建成最具特色的银行和效益最好的银行。民生银行将用鲜明的特色为客户创造价值，用出色的效益为股东提供回报。

截至2010年9月，中国民生银行的总资产超过1.7万亿元人民币。作为一家全国性股份制商业银行，中国民生银行在全国设有29家分行和491家经营机构。在与客户共同成长的过程中，民生银行树立了充满生机与活力的“创新领先型”商业银行形象。

在后危机时代，商业银行面临两大挑战：一是宏观审慎监管和微观审慎监管，以及“新巴塞尔协议三”的执行；二是“十二五”期间利率的稳步市场化。

在过去的2010年，全球经济仍处于缓慢复苏阶段。国际金融市场频繁波动，给全球经济与金融发展带来新的挑战。特别是新兴市场国家必须应对通货膨胀与资产泡沫的挑战。而新的监管规则对商业银行的发展也提出了新的要求。商业银行必须彻底转变增长方式，尽可能减少业务发展对资本的占用，提高资本的使用效率。

民生银行适应新趋势，调整定位，把握先机。自从2009年下半年提出“做民营企业的银行、小微企业的银行、高端客户的银行”的战略定位以来，民生银行不断取得新的业绩。民生银行将一如既往地致力于为这三类客户群体提供高附加值的差异化金融服务。

我认为，小微企业的金融服务是一片蓝海。只有全心全意为小微企业服务，民生银行在市场竞争中才有定价权，才有话语权，在利率市场化过程中才能够保持优势；也只有为民营企业服务，民生银行才能够在今后“新巴塞尔协议三”的执行过程中，确保一定的资本回报水平，也才能够保证民生银行的持续发展。

2010年，在零售银行领域，民生银行面向小微企业、工商个体户、私营业主的全新金融服务品牌——“商贷通”业务取得新突破。到2010年底，“商贷通”贷款余额超过1500亿元，累计贷款额达2000亿元，服务小微客户超过12万户。小微金融服务的范围和质量正在不断提升。

在公司银行领域，事业部制改革已经确立了新的目标。民生银行与民营企业同根同源。民生银行要做民营企业的“金融管家”，由民生银行来负责金融外包，给民营企业做全面的金融资源整合。推动民营企业做大做强，更重要的是做出品牌，支持民营企业进军世界500强。

在服务高端客户领域，民生银行已经找到多种切实可行的途径发掘和服务这些客户群体。民生银行的高端客户服务在业界独树一帜，为客户提供的服务种类都别具特色。

2011年是“十二五”开局之年，金融业将迎来重要的发展机遇。民生银行有信心面对各种变化，稳健经营，锐意进取，为广大客户提供更为优质的服务和产品。

近年来，民生银行以公益艺术为切入点积极履行社会责任，受到了社会各界的广泛关注和高度认同。2010年民生银行发起“守护敦煌”募捐活动引起社会广泛响应。民生银行将一如既往地履行好作为企业公民的社会责任。民生银行的发展源于社会，也将继续用真情回报社会。

黄丽芬　渤海银行副行长

主要观点

我们建议通过基金定期定投的投资方式平摊投资成本，降低整体风险，在通胀下实现保值和分享中国经济的成长。

关注短期理财产品

在2010年，世界和中国经济环境均发生了变化，我们已经在生活中越来越多地感受到了经济变化的影响。2011年中国的经济政策基调为“积极的财政政策与稳健的货币政策”，政府更关注调结构、防通胀、重民生。因此，整体货币环境的趋向是偏紧的，市场未来的加息预期会进一步增强，但因受宏观调控多目标的平衡和制约，收紧的程度和节奏存在较大不确定性。

在这种情况下，我们更要根据自身投资理财的需要、偏好，选择适合自己的理财方式，紧跟新形势、新特点，把握好货币政策的基本走向，更合理地进行资产配置。

在进行资产配置时，我们建议适当调整储蓄周期，多关注银行短期理财产品。这些理财产品具有流动性较好、风险较低和选择面广的特点，遇加息时收益也可以灵活调整。我们建议通过基金定期定投的投资方式平摊投资成本，降低整体风险，在通胀下实现保值和分享中国经济的成长。我们还建议关注一些传统的抗通胀的“避风港”，例如黄金等。

2011年，为进一步提升我行的服务水平，满足客户日益增长的理财需求，“浩瀚理财”将成为我行零售银行涵盖财富产品、个人分级及高端客户服务的全品牌。2011年将推出渤海银行“浩瀚金”系列，如工艺金、纸黄金、实物黄金等业务帮助客户把握投资机遇，实现保值增值的目标。同时也将推出资产配置咨询，在充分了解客户的财务情况以及理财偏好的基础上，为客户做出多元化的资产配置方案。

黄文杰　南昌商业银行副行长

主要观点

理财之道，关键在于投资者要根据自己的风险偏好、风险承受能力和资产状况量力而行，做好资产配置，控制理财风险。

因投资者理财需求而变

投资者如何让现有的金融资产保值增值，如何选择适合自己的金融机构和适合自身需求的理财产品，是我们必须面对的一个实实在在的重要课题。

阳光总在风雨后，不经历风雨怎能见到彩虹？2011年将是充满挑战和机遇的一年，投资有风险，理财须谨慎；理财之道，关键在于投资者要根据自己的风险偏好、风险承受能力和资产状况量力而行，做好资产配置，控制理财风险；在此基础上，投资者更应注重借力理财，加强与银行等专业金融机构的联系，让自己的财富享受专业化管理。专业创造价值，为客户创造价值，让客户的资产保值增值，是南昌银行永恒的目标和追求。

南昌银行理财业务的品牌名称是“优盛理财”，我们追求卓越、注重品质，在理财业务的创新上着重把握三点：一是“以投资者需求为中心”，二是“特色”，三是“差异化”。

截至2010年末，南昌银行已自主研发的所有理财产品均为保本型理财产品，没有研发过一期非保本浮动收益型理财产品，较好地满足了市场需求，受到了投资者的青睐，多期理财产品在短短的几分钟时间内即销售一空。

在理财业务的发展上，我们致力于走差异化之路。差异化的关键就是因投资者理财需求而转变，用不同的产品、不同的业务满足不同投资者的需求；只要是投资者需要的，只要是我们能提供的，我们就去研发，形成特色理财业务或拳头理财产品，以主动适应市场变化。

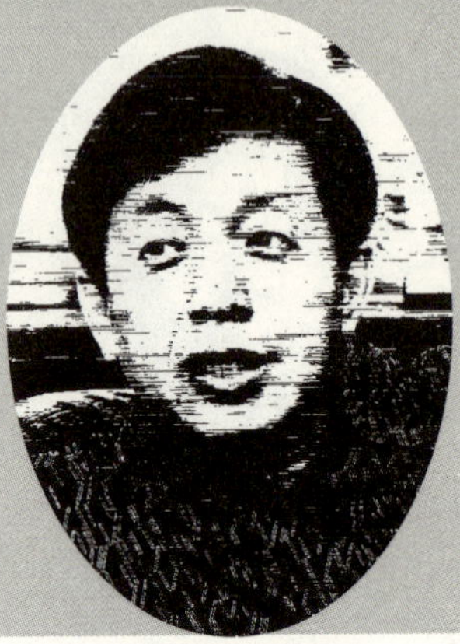

金　岩　包商银行副董事长

主要观点

对广大投资者来说，最重要的是调整好心态，从容应对不断变化的市场环境，谨慎选择适合自身的投资产品，并合理配置产品组合，努力实现财富的保值增值。

长期稳定收益更可贵

如何使财富保值增值是很多投资者密切关注的问题。从我国的情况来看，理财的重要性也在与日俱增。

理财的关键是资产配置与风险承受能力相吻合。在人生的不同阶段，投资者的收支状况不同，对风险的承受能力有很大差异。投资者应该对自己的风险承受能力作一个测评，同时分析自己的风险偏好，在此基础上确定适合自己风险特征的产品组合，并合理配置各类产品的比例，这样就能较好地规避和分散风险。如果风险承受能力强，投资风格就比较激进，可多配置股票、股票型基金、商品期货等高风险产品；如果风险承受能力弱，投资风格就比较保守，可多配置存款、国债、保险、债券型基金、银行理财产品等低风险产品。

随着投资市场的发展，投资工具越来越复杂，股票、债券、基金、保险、外汇、黄金、信托、期货、银行理财产品、不动产、艺术品、古玩甚至名酒等，都已逐渐成为人们耳熟能详的投资工具，理财的专业性也越来越强。一般的投资者由于时间、精力和专业背景等方面的限制，很难对每类产品都非常了解，因此，适合大多数投资者的理财方式就是借助专家理财来实现财富保值增值。理财专家不仅能对人们的资产配置提出专业建议，而且能结合客户的家庭财务状况和风险承受能力，设计有针对性的理财解决方案。

2011年是我国“十二五”规划的开局之年，投资市场也充满了不确定性。对广大投资者来说，最重要的是调整好心态，从容应对不断变化的市场环境，谨慎选择适合自身的投资产品，并合理配置产品组合，努力实现财富的保值增值。希望各位读者在2011年找到适合自身的理财之道，取得理想的投资收益。

李良温　中国人寿保险股份有限公司总裁

主要观点

2010—2020年中国保险业仍将保持两位数的增长，保险业的发展将具备更加广阔的前景。

投资主导转向，消费主导未来

在中国的文化传统中，“五”和“十”具有特殊的意义，往往成为时间记忆的重要标志。2010年的落幕，意味着充满希望的21世纪已经走过了第一个十年，追求伟大复兴的中国圆满完成了第十一个五年规划，也许是种巧合，中国人保寿险也在2010年度过了重返人身险市场后的第一个五岁生日。

回顾这十年，盘点这五年，中国经济顶住全球金融危机的巨大冲击，成为世界第二大经济体；北京奥运会、上海世博会、广州亚运会，中国正以崭新的面貌走向世界。在国内经济持续向好的背景下，人保寿险也实现了业务发展、资产积累、机构铺设、队伍建设等方面的快速发展，并且在开业仅五年的情况下连续两年实现赢利，打破了寿险业经营的一般规律，创造了行业发展的奇迹。

步入2011年，我们迎来了新世纪的第二个十年，也开启第十二个五年规划的宏伟蓝图。国家将从经济总量导向转向国民收入导向，从投资主导转向消费主导，致力于让民众共享发展和改革成果，保险业的发展将具备更加坚实的基础。城乡居民可支配收入持续增长，消费需求升级换代，居民保险意识和保险需求不断增强，业界预测，2010—2020年中国保险业仍将保持两位数的增长，保险业的发展将具备更加广阔的前景。

成功走过第一个五年的人保寿险，在下一个五年、下一个十年又该如何发展？这是我们时刻思考的问题，也是社会各界对我们的期待。如果说过去的五年，解放思想、改革创新、艰苦奋斗是人保寿险成功的重要原因，那么如何用行动更好地诠释这些成功因子，将决定着人保寿险今后的发展。身处蓬勃发展的行业，有监管部门的支持，有广大消费者的信任，有公司员工的奉献，有社会各界的理解，我们坚信，人保寿险必将取得新的成功。

李卫平
中国工商银行股份有限公司个人金融业务总监

主要观点

我相信只要投资者基于价值投资选好投资标的，并坚持长期投资的原则，一定会感觉到理财是一件轻松的事情，也一定能实现良好的投资收益。

“不折腾”的客户投资收益好

我最近的一个发现就是，投资收益好的客户交易频率非常低，他们基本都是长期持有优质基金和优质股票的客户，也就是那些“不折腾”的人。

确实如此，对于市场先生脾气所导致的“短期的波动”，一般投资者是很难把握的，而长期投资则可通过时间熨平市场的波动，实现资产的保值增值。因此，在此我想把“长期投资”四个字送给读者朋友作为投资箴言。

长期投资重在把握两个基本原则：

一是价值导向。长期投资的标的选择必须慎之又慎，要以投资价值和安全边际作为选择标准，对投资对象进行全面的评估。例如，对于基金而言，要选择那些公司治理结构好、投研能力强、过往业绩好的公司所推出的产品，在其价值低估时买入并持有。

二是贵在坚持。投资的核心在于让价值随时间增值，投资者必须有足够的耐心去等待自己的播种开花结果，这就需要投资者控制自己的卖出和短线操作的冲动，不然，就只能是频繁给市场贡献手续费，增加交易成本。

在中国经济快速稳定增长的时代，投资理财市场的长期向好是毋庸置疑的。在这样的市场里，投资者的耐心和毅力一定会得到良好的回报。

长期投资，轻松理财。

我相信只要投资者基于价值投资选好投资标的，并坚持长期投资的原则，一定会感觉到理财是一件轻松的事情，也一定能实现良好的投资收益。

林清德
渣打银行（中国）有限公司首席执行总裁

主要观点

“十二五”规划将不只是未来五年中国经济发展基本路径的规划，从中我们更看到了中国经济走向全球以及在国际经济舞台上扮演更重要角色的雄心壮志。

“十二五”，中国吹响“全球化战略”的号角

从中央所提出的“十二五”规划来看，在未来五年中国经济社会将发生巨大转型。“十二五”规划将不只是未来五年中国经济发展基本路径的规划，从中我们更看到了中国经济走向全球以及在国际经济舞台上扮演更重要角色的雄心壮志。

我很高兴看到在“十二五”规划中，充分考虑了全球经济进入“后金融危机时期”的全新格局，因此“十二五”不仅仅是中国的经济战略，也可以从中一窥中国全球战略的端倪。

那金融行业怎样才能为“十二五”规划作出自己的贡献呢？如果回顾一下金融危机以来中国金融业的表现，我们发现中国金融业没有直接遭受这次危机的重创。有些观点认为开放程度不高，没有引入过于复杂的金融产品。但是在我看来，最重要的原因还是中国实体经济多年来的可持续健康发展才保证了中国金融业的稳定，同时监管机构的风险控制以及各种有效监管也是功不可没的。

所以金融业在“十二五”期间的重要方向应该依然是为中国实体经济服务。外资银行自2007年本地法人化以来，在中国的业务不断扩张，对中国金融业和经济的作用也日渐重要。就支持“十二五”规划来讲，外资银行也有其独特的优势。以下可以给出几个例子。

“十二五”规划将进一步强调“走出去”战略，致力于发展中国大型跨国公司和金融机构，深化同新兴市场国家和发展中国家的务实合作。外资银行在国际上的网络对中国企业“走出去”就能提供很大的帮助。以渣打银行

为例，从经营网络上看，渣打在亚洲、非洲、中东等新兴市场拥有广泛的网络和深厚的资源，而这些地区恰恰是中国企业拓展海外业务的重点市场。渣打在亚洲、非洲、中东的很多市场都是最大（或历史最久）的外资银行。我们非常了解当地的政治、经济、文化、金融环境和贸易特点，这对希望走出国门又不太了解当地市场的中国企业非常重要。凭借这个优势，渣打不仅能为它们提供金融服务，更能为它们提供多方面的咨询服务，帮助它们在当地拓展业务。

“十二五”规划中也提到了扩大人民币在跨境贸易和投资中的作用、积极参与全球经济治理和区域合作，并推动建立均衡、普惠、共赢的多边贸易体制。自跨境贸易人民币结算试点项目推出以来，渣打银行一直积极参与其中，并取得了诸多“第一”。人民银行的统计显示，截至2010年9月底，渣打跨境交易人民币累计结算量在外资银行当中排名第一。目前，渣打银行已在22个海外市场提供人民币结算相关服务。除了诸多“第一”和全面的产品及服务，渣打银行还非常注重宣传跨境贸易人民币结算这一全新的结算方式。凭借广泛的国际网络，2010年，渣打银行分别在东北亚、欧洲以及东南亚举行了路演活动，与当地来自多个行业的企业及相关监管机构代表进行了会晤，分享在跨境贸易人民币结算方面的最新资料，使他们充分了解此方面的进展以及潜在的业务机遇。

要支持“十二五”中提到的推动城镇化建设以及经济结构转型。金融机构一定要更加注重改善对小企业、农村的金融服务，改善对消费、科技、绿色金融的发展和服务。渣打银行于2003年就建立了专门的中小企业服务团队，是最早在华设立中小企业部门的外资银行。现在我们已经发展成为外资银行当中规模最大的中小企业团队。渣打银行目前在中国拥有650多名中小企业客户经理，我们将继续扩大业务团队，2011年将增加180名中小企业客户经理，并在未来三年内将该团队的人数再扩大一倍。在金融危机之后，中小企业的金融需求发生了变化，贷款不再是它们唯一的需要，它们同样需要拓展海外市场，管理利率、汇率及大宗商品风险。外资银行在这些领域拥有更多的经验和资源。

对下一个五年我是充满期待的，我期望着见证中国成为更多企业的“世界总部”，真正成为“经济主导力量”，出现更多的“中国创造”。我的期望还有很多，为了那一天，作为一家扎根中国的国际银行，渣打愿意贡献出自己的力量。

林志民　东亚银行（中国）有限公司常务副行长

主要观点

资产配置的要领即分散投资，投资者是“军师”，偌大一盘战局，如何分排布阵，如何掌握主要矛盾和次要矛盾至关重要。

至少我们还有梦

市场中成功的淘金者都是无畏激流险滩又满腹智慧的勇士，像那些饱经风雨的水手，从风向和水流的变化可以预测方位和天气。那么站在2011年的门槛上，金融市场的“风向”和“水流”给投资者以怎样的暗示？

显然，目前全球经济已经顺利从金融危机的低谷中走出，亚洲新兴市场经济增速一马当先。然而，投资者头顶的天空也绝非“万里无云”。首先，欧债危机仍然不排除反复，如果部分欧元区成员国财政巩固计划难以如愿，或者发债计划受到挫折，就可能引发金融市场动荡。

新兴市场所面临的流动性过剩问题以及通货膨胀的巨大压力也给全球经济复苏带来一丝阴影。2011年中国仍面临上调利率和存款准备金率的压力。一些投资者已经预感到，一旦美国经济复苏加快，美联储开始加息，那么资金从新兴市场回流很可能又将成为金融市场震荡的源头。

投资者首先应当明确自己的风险偏好和投资目标，这样等于为自己的掘金之旅选择了明确的目的地。资产配置的要领即分散投资，投资者是“军师”，偌大一盘战局，如何排兵布阵，如何掌握主要矛盾和次要矛盾至关重要。多元化的投资才是分散风险的好办法，除了股市之外，基于对商品、外汇等市场大势判断的资产配置也应纳入规划全局。尤其是目前美联储的QE2政策出台令大宗商品市场大受鼓舞，而2011年恶劣的天气状况为供给方带来的压力也成为市场做多商品的动力之一。

最后，我用郑智化那首家喻户晓的《水手》与每一位辛苦的淘金者共勉——“他说风雨中这点痛算什么，擦干泪，不要怕，至少我们还有梦”，财富之路上每一位勇敢且智慧的人，祝广大读者美梦成真！

刘以研　上海浦东发展银行个人银行总部总经理

主要观点

理财的目的绝不是对财富盲目膜拜，而是为了平衡现在和未来的收支，进而描绘出我们想要的生活。

超越财富，寻找幸福

细细品读"十二五"规划，民生、百姓，更重要的是"幸福感"，这是中国第一次将"幸福感"作为国富民强的标准。我想，这才是我们拥有财富的真正目的。毕竟，幸福才是最终的目标。

理财，也是如此。追求收益最大化是我们的愿望，这也无可厚非。然而，追求高收益、把理财等同于投机，而且抱定必胜的信念，那么，很有可能首先迎接我们的不是硕果累累的财富成长，而是盲目追逐收益、忽视风险所带来的损失和痛苦。理财的目的绝不是对财富盲目膜拜，而是为了平衡现在和未来的收支，进而描绘出我们想要的生活。

有了正确的目的、丰富的工具、平和的心态，接下来就是"方法"。尝试理财，我们用"望、闻、问、切"来甄别适合自己的理财工具；当我们对理财不再陌生，对金融工具驾轻就熟，也拥有了一定的财富积累，"理财规划"就显得尤为重要了。如何根据人生的阶段目标将自己的资产进行合理的配置，进而在波动的市场中从容应对风险，这就是"理财规划"的意义。"不要将鸡蛋放在一个篮子里"的道理，应该家喻户晓，那么"该如何放置"就成为我们面对理财时的大问题。每每此时，我们总是希望遇到一位经验丰富的理财专家，为我们稍作点拨，也许就茅塞顿开了。银行资深的理财师就是生活在我们周围的金融顾问，他们的专业知识和丰富的经验将为财富的健康成长保驾护航。

我衷心祝愿广大读者精心描绘出自己的财富曲线，用心为您的"浦发卓信"理财师也将时刻准备，为您的财富做加法，让您的生活更幸福。

梅非奇

中国银行股份有限公司个人金融总部总经理

主要观点

金融危机凸显出商业银行原有风险管理体系的不足。如何在危机之后调整提升风险管理水平，是零售银行业务健康发展的又一个挑战。

后危机时代的零售银行业：创新、转型和发展

金融危机虽已远去，但其带给全球金融格局的深远影响只能说是刚刚揭幕。后危机时代的国际资本市场格局、金融监管制度、投资者的行为模式都酝酿着深刻的变革。

全球金融危机的一个重要诱因是过度杠杆化。为了降低杠杆，各国金融监管当局纷纷提高了对金融机构的资本金要求。商业银行必须走资本集约化的发展道路，加快发展零售业务和中间业务。此类业务消耗的经济资本少，业务收入稳定，市场风险较低。大力发展零售业务，有利于商业银行转变外延式扩展的发展方式，提高ROE和ROA。

目前，经济增长方式的转变已经成为我国经济发展的迫切需要，其中调结构和重民生的政策取向，对国内零售银行业务的发展是一个宝贵的契机，将为零售银行业务带来广阔的发展空间。扩大内需就要增加居民收入、扩大居民消费，有利于消费信贷、汽车贷款、信用卡等零售银行主要业务的发展；政策鼓励民间资本的创业投资、鼓励创新型企业上市，会使创业贷款、个人结算、理财业务等迎来一个比较好的发展机遇。

近年来，中国的信用环境大为改善，个人征信系统的运用更加成熟，为零售银行业务发展提供了更为完善的基础设施条件。

经过本次危机洗礼，投资者和消费者也日趋理性，这也是零售银行业务平稳发展的一个积极因素。危机前，不断膨胀的资产泡沫使个人投资者和银行往往忘记了风险，盲目追求理财产品的高收益；危机后，投资者对收益和风险有了更深刻的认识，变得更为成熟、理性。这有利于银行为客户提供更

稳健的理财产品，为银行和客户之间长期、稳定的合作关系奠定良好基础。

后危机时代，与上述机遇并存的是，对零售银行业务发展的挑战同样客观存在。

市场反复波动使零售业务难度加大。2011年，国内外宏观经济都面临着许多不确定性。房地产业面临调控，使零售银行的房贷业务进退两难；资本市场宽幅震荡，大宗商品价格高位徘徊，使理财业务难度加大；美元汇率波动剧烈，个人结算业务也面临许多扰动因素，这些都是零售银行业务要面临的具体挑战。

金融危机凸显出商业银行原有风险管理体系的不足。如何在危机之后调整提升风险管理水平，是零售银行业务健康发展的又一个挑战。

金融危机中，部分银行未能向客户充分揭示产品风险，使客户购买了不适合的产品，伤害了客户与银行长期稳定的合作关系。因此，提高理财产品收益率固然是吸引客户的重要手段，但重建客户对银行理财的信任度也是当务之急。

面对种种机遇与挑战，零售银行可能需要在以下几个方面作出更好的应对：

加强对宏观系统性风险的研究，适度创新。零售银行更需要关注宏观经济特别是房地产市场的风险集中度，建立跨行业、跨市场的研究机制。

加快创新发展，推进转型发展，重视跨境发展。后危机时代，比较复杂的市场环境更凸显了零售银行发展模式的重要性。零售银行要坚持金融创新为实体经济服务的原则，以客户为中心，通过流程整合，形成可行的零售银行创新思路；零售银行应当通过业务转型，降低资本消耗，转变增长方式。零售银行要扩大核心存款，为业务增长提供低成本资金保障，更要扩展客户基础，使业务增长与客户基础的扩大保持协调同步；零售银行还应注重跨境发展，重视海内外一体化业务发展。中行目前已经在海外建立了两家私人银行分部和三家财富管理中心。

后危机时代，中国零售银行的发展将为公众带来更多更好的产品和服务。但这一过程不会一帆风顺，需要从业者的不懈努力，更离不开公众的热心关注和慷慨支持。对此，我个人持有十分乐观的冀望。

潘宏源　阳光人寿保险股份有限公司总裁

主要观点

保险公司的年金产品也是一种很好的固定收益类投资产品。

规避风险，获取长期收益

伴随中国经济持续高增长，通胀也随之而来，如何有效抵御通胀也成为老百姓日益关心的话题。普通民众的理财之路在何方？从经济大环境来看，为抵御通胀，政府将出台一系列调控措施，2010年央行两度加息，楼市严厉调控，乃至股市大幅震荡走低，都可看作是经济宏观调控的风向标。

我建议各位进行个人资产组合时，要把保险考虑进去。一般而言，期交类分红保险产品收益增长稳定，受经济周期的影响较小，在经济周期性调整时，保险公司应对经济周期波动方面具有优势。规避风险，获取长期收益，是保险的独特价值。

当人们通过保险建立起个人和家庭的保障体系之后，就可以通过其他投资渠道轻松自由地进行个人资产组合。个人可以按照一定比例将资产分配于股票和固定收益类（债券、银行存款）资产中，这个比例和个人的风险偏好有关系。一般来说，年轻的时候个人风险承受能力较强，不妨多投资些在股票中，越临近退休的时候股票投资的比例应该越低。此外，保险公司的年金产品也是一种很好的固定收益类投资产品。

任汇川

中国平安保险（集团）股份有限公司副总经理

主要观点

综合金融先从交叉销售、综合服务做起，而这有个指标是客户产品渗透率，即一个客户在一个公司里拥有几个金融产品。

搭起综合金融桥梁

从2008年的户均10.3万元，到2013年预期的27万元，中国老百姓的资产，特别是流动性资产构成将会发生一次“脱媒效应”。

预计未来五年，在整个金融市场利润结构中，以银行为主渠道的存贷款利润贡献度会从78%降到不足60%。与此同时，证券、基金、保险、小额消费贷款等的利润将会大幅度增加。除了目前的银行、证券、保险三个不同金融领域各自监管和发展之外，我们可能需要新的业务模式作为创新和补充，这就是综合金融。

综合金融之所以能够产生，条件有三：第一是消费者需求变化，无论是个人客户还是企业客户。第二是外部治理机制的完善，整个金融监管经过80年发展，专业化能力得到加强，为综合金融监管打好了基础。第三是现代信息技术的发展，这使老百姓足不出户就能满足其一揽子金融需求的想法成为可能。

从传统意义来讲，综合金融先从交叉销售、综合服务做起，而这有个指标是客户产品渗透率，即一个客户在一个公司里拥有几个金融产品。我们做过一项研究，国外综合金融集团，最多的可以给一个客户提供6—7个产品，少的也有2—3个。在中国，过去的客户习惯了在不同金融机构买不同金融产品，但是随着财富的不断增长，习惯正在改变。

应该说综合金融创新更多是从前台开始，从围绕客户需求开始，客户到底需要什么样的产品？个人客户和企业客户，两类客户群的需求不一样，简言之，在未来五年里，个人客户更多需要理财服务，而企业客户更多需要新形式融资服务。平安的综合金融正是基于对客户群的分析，平安目前有超过5000万个人客户，其平均年龄不到40岁，其中在2009年获得的700万新客户平均年龄35岁，这意味着这些客户长期需要综合金融服务，同时他们的财产和对产品的需求也会增加。

其次，综合金融是从前台开始研究，但是从后台开始搭建。为了满足前台的需求，平安着力从后台和中台开始重新搭建集中的支持平台。2006年平安后援中心在上海张江落成。后援中心主要进行数据管理和流程管控，在后台处理上形成统一平台，这有效地解决了中国地域广泛且经济发展程度差异大的难题，它提高效率、降低成本、防范风险。高度标准化和流程化的后台工作模式，为综合金融业务的开展提供了技术上的支持，奠定了硬件上的基础，这一点尤为重要。

另外，综合金融一定要做好风险防范，中台的分隔是保证，从产品、资金、风控、数据系统、偿付能力或者资本充足率等方面在不同的金融产品线之间设立严格的防火墙，即一定要把不同的“厨房”分开，让专业的人做专业的事。我国的金融监管是分业监管，严格分业。换言之，我们若希望给客户提供一个综合金融服务套餐，那么这其中的每一道菜都必须是由各个厨房分别制成的，厨师必须专业，厨房必须分开，做中餐的不做西餐，酱油和奶油不能混用。在不同厨房做出产品后，再根据客户口味设计套餐。

任勤民　杭州商业银行副行长

主要观点

利率市场化改革本质上是一种利益关系的调整，是市场对既得利益集团权利的最终“剥夺”。

利率市场化改变赢利模式

如果以1996年放开同业拆借市场利率作为利率市场化的逻辑起点，我国利率市场化改革其实已走过15年历程。

我国资金价格（利率）的市场化进程仍有点迟缓，从目前的情况和未来经济金融改革发展的趋势看，利率市场化有可能在“十二五”期间完全实现。利率市场化改革本质上是一种利益关系的调整，是市场对既得利益集团权利的最终“剥夺”，下一步的深化和推进难免会遇到一些阻挠，所以，对未来利率市场化进程的节奏也不能过于乐观。

利率市场化将导致银行传统主导业务的比重逐渐下降，无形中加大银行的竞争压力和经营压力，并导致市场份额的重新划分。在此背景下，商业银行将更加注重对优质客户的服务，对存款客户的服务更加体贴，主动理财建议以及存款增值服务将成为除了存款利率以外打动客户的因素；而对于信贷客户，银行将一改以往贷款人求着信贷部门的格局，真正成为服务的部门。同时，银行间的竞争不再局限于对客户资源的简单争夺，而将扩展到与存款、与贷款相关的中间业务领域。

信用卡业务将成为竞争的一块核心，理财服务、理财咨询业务、担保类业务、承诺业务、金融衍生品交易类业务等这些不受利率波动影响且不占用银行自身资金的中间业务或表外业务可能成为未来银行争夺的核心领域。

随着利率市场化的推进，利差的逐步缩小，资本市场和货币市场各种直接融资工具的不断推出，决定了商业银行的赢利能力不能再依赖贷款规模，风险管理能力和财富管理能力将具有决定性意义。因此，有效应对利率市场化带来的挑战，商业银行就必须加快经营发展方式转型。

石安楠
花旗银行（中国）有限公司副行长、消费金融业务总裁

主要观点

投资不可能包赚不亏，如何控制亏损的部位跟情绪是投资者必要的修炼，而投资目标在设定后应该坚持执行，不应因短线的市场波动或投资部位的亏损而有所改变。

投资是一辈子的功课

随着经济的增长与市场的开放，国内投资者的投资能力和投资意识都逐渐增强，与之伴随出现的不成熟的投资心态和投资经验的不足往往会限制投资者的发展，甚至误解投资或理财产品的真义。花旗银行在协助客户理财时，发现投资者有以下几个常见的误区，希望在此提醒投资者注意并尽可能避免。

首先，是对自己认识不足。这包含对人生各阶段理财目标的设定、现金流分配及风险承受度仍有赖专业引导和讨论。大部分民众往往在市场上涨时高估了自己的风险承受度，却又在低点时忘却自己设定的投资目标，因而错失了市场上涨契机。

其次，误把投资当作致富捷径。将资本市场偶得高报酬视为常态，忽略经济周期跟景气循环的基本原则，不能持盈保泰。

再次，对理财产品认识不清。理财产品虽复杂，但基本条件——风险、利润、流动性，这三点仍须根据自身需求再三确认。

最后一点也是很重要的一点，就是投资的心态。花旗在为我们的客户服务时，一定会向他们强调，做投资，一定要具备平和的投资心态。投资不可能包赚不亏，如何控制亏损的部位跟情绪是投资者必要的修炼，而投资目标在设定后应该坚持执行，不应因短线的市场波动或投资部位的亏损而有所改变。

“无恃敌之不来，恃毋有以待之。”中国老祖先早在千年前就洞悉了投资的真理，投资组合的建立可有效抵御景气的衰退，却又能参与资本市场长期的上涨；与其惶惶终日关注市场上涨或下跌方向，不如回归投资理财的基本定义——设定理财目标，了解自己的风险承受度，然后坚持执行，加上专业金融机构的从旁协助，相信终会欢喜收获丰厚的果实。

王勇杰　宁波银行总行个人银行部总经理

主要观点

当下理财已不仅是纯粹地追求资产增长，更是通过财富的增值，实现消费、保险、教育、旅游等一系列的人生目标，乃至整个家庭的幸福梦想。

理财事关家庭的幸福梦想

2010年，我们曾望“楼”兴叹，随“股”起伏，更与CPI展开了积极的赛跑。2011年，在“紧货币，宽财政”的宏观经济政策指导下，国内货币政策将从“适度宽松”向“稳健”变调，此举旨在抑制过多的流动性，缓解不断上涨的通胀压力。

此情此景下，对于大部分投资者来说，实现资产的保值将是首要的决策。在资产配置上，可适度向银行理财产品、债券基金甚至国债等中低风险品种倾斜。这样做既有利于均衡投资风险，也能大大提高跑赢通胀的可能性。

随着加息“靴子”落地，银行理财也悄然发生了变化，短期理财产品收益率应声上涨，而长期理财则开始受到冷落。为此，我们要改变以往“重收益、好长期”的理财方式，要根据资金需求，适度选择投资期相对较短的理财产品，或搭配部分赎回性较好的产品进行资产配置。

当下理财已不仅是纯粹地追求资产增长，更是通过财富的增值，实现消费、保险、教育、旅游等一系列的人生目标，乃至整个家庭的幸福梦想。随着人们投资理财意识的日益提升，财富规划在坊间也可谓是琅琅上口，不绝于耳。

站在2011年新一轮的投资起点上，在我们争先恐后加入投资大潮的同时，要积极向专业人士请教，利用财富规划工具，对自身的财务状况、风险偏好、投资方向等维度进行深入全面的分析，将理财取向从单一的投资产品购买，向教育、养老、保险、流动性保障等投资组合递进，最终形成符合自己“个性”的财富规划，进而全面平衡未来的投资风险和收益。只有这样，我们才能较好地闯过投资海洋中的“浅滩暗礁”，实现未来财富梦想。

夏　蜀　富滇银行股份有限公司董事长

主要观点

我们国家的财富已经取得了巨大增长，未来将步入个人财富增长时代。个人财富增长将是推动国家前进的巨大动力。

从争取资源到争取人，就是银行未来的转变

新世纪走过了第一个10年。于1912年创建品牌的富滇银行，2012年即将迎来百年诞辰。

过去10年，是中国银行业的“黄金十年”，据银监会公布的数据，2010年底，中国银行业的金融机构资产总额超过了100万亿元。但是，过去10年，中国银行业主要依赖于中国经济规模和增速，银行业的高速度成长是以中国经济为保护伞的。

一个行业的辉煌，必为生机勃勃的竞争造就，而乐趣也尽在其中。因此，我们需要一个含金量更高的“黄金十年”。未来10年需要我们走出中国规模经济、增速经济中给予银行的“红利”。

我们国家的财富已经取得了巨大增长，未来将步入个人财富增长时代。个人财富增长将是推动国家前进的巨大动力。由是，银行也到了“以资源为本”转向“以人为本”的时候了。富滇银行的下一次机会在何处？那就是千千万万的个人。这是未来中国银行业的财富逻辑，也是国家的财富逻辑。

而要争取人，就必须服务于人。高服务水准从来是从竞争中得来的。平心而论，过去10年中国银行虽然硕果累累，但竞争还不充分，服务水平和国外先进银行有一定差距。银行的主要利润仍然来自存贷之间的巨大的利率差，中国的经济规模和经济增速又强化了这样的赢利模式，正是这种赢利模式导致银行没有动力改进服务。而服务上不去，竞争力何从谈起？

从争取资源到争取人，这就是银行的未来的转变。过去银行之间的竞争，主要是资源之争，而这些资源，并非完全是通过市场定价的资源，很大

部分是政策性甚至垄断性资源。

竞争的本质是促进规则的改进，因为各种服务的竞争，就是各种规则的竞争。竞争的结果是好的规则被普适化了，整体服务水平于是被提高了。从这个角度看，银行在服务水平上的同质化现象是不正常的。

富滇银行期待：以人为本，创造规则。

银行不能停留在依赖国家经济上面，而应该成为这个国家竞争力的一部分。全球化赋予中国经济许多机会，也赋予了银行很多的机会和使命。富滇银行2010年在老挝设立代表处，成为中国145家城市商业银行中第一家走出国门的银行。这不仅是延续百年富滇的传统，更是和中国经济一道参与全球化进程。

1912年成立的富滇银行，在缪云台先生带领下，经营西南，为地方经济及教育发展立下汗马功劳，不仅成为当时中国银行业的翘楚，更是率先扩张至东南亚，成为中国与东南亚贸易的桥梁。时至今日，富滇银行仍在东南亚具有良好口碑。

100年之后，中国已然是全球化浪潮中的弄潮儿。2010年以来，中国—东盟自由贸易区正式启动，就凸显出巨大的活力。东盟和中国的贸易占到世界贸易的13%。这是中国对外建立的第一个自贸区，也是涵盖11个国家、19亿人口、GDP达6万亿美元的巨大经济体。正是在这样的背景下，富滇银行走进老挝。因为，贸易的繁荣和金融的繁荣是相互促进的，全球化贸易体系需要一个全球化的银行体系，它提出了巨大的金融服务需求。这既包括中国与东盟企业之间的投融资的需求，也包括一些贸易结算等方面的需求，这些金融服务需求的不断改善，就会降低整个贸易的成本，促进贸易更为便捷地进行。

但正如巴曙松先生所言，富滇银行进入东南亚，又是审慎的。我们一直在寻求基于比较优势的差异化发展战略。作为云南地区的城商行，在国际化的路径上，没有必要简单照搬一些大型银行进军海外市场的经验。实际上，不少商业银行在缺乏优势的前提下进入海外市场还付出了较大的代价。富滇银行在银监会支持下选择进入东盟这样相对来说中国的企业拥有一定的定价权、同时存在贸易逆差的地区启动国际化，一方面是服务于实体经济的需要，同时也凸显了自身的竞争优势。

严晓燕　北京银行行长

主要观点

银行传统的存贷利差赢利模式必须改变，银行不能单纯依靠利差赢利，而应该通过提高服务水平来改变赢利结构。

差异发展是中小银行的战略性选择

2011年1月8日，北京银行度过了自己的15周岁生日。15年弹指一挥间，巨大变化鼓舞人心：北京银行资产总额已从成立之初的217亿元增加到7300亿元，增长了近33倍。

15年来，北京银行累计创利400多亿元，上缴财政税收累计高达150多亿元。人均创利连续五年超过100万元，成为人均创利最高、效益最优的中小银行。

当前，危机后的世界经济仍然处于缓慢复苏阶段。通货膨胀和资产泡沫压力是全球经济特别是新兴市场经济体必须面对的严峻课题。在后危机时代，新的金融监管规则将促使商业银行加快转变增长方式，切实提高对经济资本的运用效率。未来中国商业银行应该在更为严格的资本约束与利率稳步市场化的背景下，寻求适合自身的差异化发展道路。

差异化发展是中小银行的战略性选择。差异化发展需要通过提高服务水平来调整赢利结构。当前，国际汇率和国内利率市场面临的调整压力很大，这对商业银行经营提出了更为严峻的挑战。银行传统的存贷利差赢利模式必须改变，银行不能单纯依靠利差赢利，而应该通过提高服务水平来改变赢利结构。

在中小银行差异化发展的战略中，提高中小企业服务水平是银行必须考虑的课题。全球金融危机加剧了中小企业融资的难度。随着我国中小企业的不断崛起，中小企业融资已成为商业银行抢占的重要市场。这有利于推动中小企业的发展，促进就业，也将促使商业银行不断调整自身的赢利模式。

中小银行在政策、网点和资源方面与大银行相比没有优势，中小银行的优势在于对市场的快速反应和选择的能力，可以根据市场和企业的需要来及时调整自身的经营模式。

北京银行在服务中小企业过程中，不断探索，勇于创新，形成了自身的服务特色和竞争优势。在过去15年中，北京银行累计为2万余户中小企业发放了6000亿元的贷款，在北京地区同业排名第一。在北京地区，北京银行为7万家中小企业提供结算服务，占首都中小企业的1/4。

北京银行未来将不断寻找差异化和增强内生动力的发展模式，进一步完善中小企业融资模式，深化专营机构建设，推进“信贷工厂”试点，做大中小企业贷款规模。

2010年9月，北京银行推出的贵宾客户系列活动品牌——“财富廿四品”，在业内创造性地将高端客户服务系列化分类，深化了高端客户服务品牌内涵，同样体现了北京银行为不同客户提供专业化、差异化金融服务的理念。

社区银行是北京银行打造市民银行品牌的重要组成部分。服务市民百姓是北京银行的重要市场定位，我们希望通过社区银行建设，进一步加快向零售银行转型的步伐，为社区百姓提供更加优质、便捷、高效的金融服务。

打造一流社区银行，也是北京银行与境外战略投资者荷兰ING集团战略合作的重要内容。未来五年，ING集团将继续深化与北京银行的合作，为北京银行提供全方位、多层次、高质量的技术援助与支持。

目前，北京银行共有经营网点近200家，已设立天津、上海等9家外埠分行。同时，北京银行国际化进程不断推进，设立了香港代表处和荷兰阿姆斯特丹代表处。2010年3月，独资设立国内首家消费金融公司——北银消费金融公司，成为北京银行促进国内消费增长、助推发展转型的重大举措。随后，与ING集团合资成立中荷人寿保险公司，以跨领域业务引领中小银行发展。

北京银行在快速发展的同时，不断加大投身社会公益行动的力度，服务社会、反哺社会的责任意识日益彰显。北京银行的努力也得到了社会各界的广泛认可。

“真诚，所以信赖。”北京银行感谢各位朋友15年来的一路陪伴，也希望大家继续关注和支持北京银行的发展。北京银行将一如既往地为大家提供优质服务。

杨智呈　生命人寿保险股份有限公司总经理

主要观点

要将老百姓的庞大积蓄变为巨大消费力，首先要解除他们的后顾之忧。

让金钱为人服务

刚过去的“十一五”无疑是保险业面临形势最复杂、经受考验最多的五年，也是保险业发展变化最大的五年。我们愿与广大读者一起预判未来保险业及社会大众保险观的变化。

首先，从保险业服务国民经济发展角度来看，随着人民币升值压力的加大及国家产业转型的要求，国民经济在新世纪的第二个十年要实现由外向拉动型为主到内需推动型为主的发展模式转变。在这个过程中，消费拉动的因素至关重要。要将老百姓的庞大积蓄变为巨大消费力，首先要解除他们的后顾之忧。

其次，从保险业自身发展看，每个行业发展都有其自身规律。无论是国外成熟的保险市场，还是我国过去近30年保险业发展的历史，我们都可以发现保险业经营发展的四个阶段：产品经营阶段、渠道经营阶段、服务经营阶段、品牌经营阶段。

最后，从客户保险消费观角度来看，按国际经验，人均GDP3000—10000美元区间是保险业加速上升期，目前我国人均GDP已达4000美元，基本可以判断我国保险业正在进入加速上升期。但保险业发展是否能与人均GDP相匹配，关键在于客户的消费观念与价值观是否随着人均GDP的增长而升级。

广大读者，我们要么已经成为中产阶级，要么正在成为中产阶级，因此，如何建立正确的理财消费观念、通过保险的规划建立一生的保障与幸福，应当成为考虑的重点。

赵富高
中国建设银行股份有限公司个人存款与投资部总经理

主要观点

受通胀预期推动，实物金成为投资新热点，量价齐升，建设银行以其“建行金”的品牌效应，成为业内黄金销售第一的金融机构。

提升针对个人中高端客户的服务能力

2010年，建设银行以上海世博会和广州亚运会为契机，开展“服务质量年”活动，将抓好服务质量作为建设银行2010年个人银行业务的主线。

通过扎实有效的工作，建设银行不仅圆满完成了“世博和亚运金融服务系列活动”，而且客户满意度显著提高，获得了中国银行业协会授予的先进集体称号、世博金融服务组织奖等多项表彰。

当前，世界经济仍然处于缓慢复苏阶段，各种金融风险尚未完全消除。通货膨胀和资产泡沫在新兴市场国家表现尤其明显。在后危机时代，国际金融监管日趋严格，这些都迫使商业银行必须转变增长方式，走一条资本节约、环境友好、科技导向的新路。

为此，逐步提升针对个人中高端客户的服务能力已经成为国内同业努力的方向，建设银行开展零售网点转型的时间虽早，但前路正长，仍须持续前行，不断为客户提供更好的金融服务。

一是要继续深化客户为本的经营理念。由于金融产品的易“同质化”，一家银行零售业务的核心竞争力在于将“以客户为中心”的经营理念落到实处。以客户为中心就是要认识客户，了解客户，从客户的实际需求出发，完善金融产品体系，踏踏实实地“经营客户”，而非“销售产品”，努力提升服务的质量和效率，将产品服务创新与战略转型紧密结合起来，做实理财业务。

二是要继续完善客户导向的产品体系及分销渠道。理财产品因收益较高、风险适中，已经成为中高端客户资产配置的主打产品；而受通胀预期推动，实物金成为投资新热点，量价齐升，建设银行以其“建行金”的品牌效应，成为业内黄金销售第一的金融机构。

建设银行将一如既往地通过合适的渠道向合适的客户提供合适的产品和服务，根据客户的需要对客户实行差别化服务。建设银行已经建立了覆盖全国的营业网点（理财中心、财富中心、私人银行、个贷中心）、网上银行、自助银行、电话银行等全方位的分销渠道。

三是要继续健全VIP客户的服务平台，加大中高端客户的个性化服务创新和发展。

建设银行的零售网点转型工作实现了将VIP客户分配落实到每位客户经理，客户经理专职服务VIP客户的服务模式。

建设银行建立了一支专业、专注的理财师队伍，并通过制定客户经理队伍建设长期计划、激励政策、竞争上岗等多种措施，充实客户经理队伍，确保高素质的客户经理配备到位，实现对VIP客户的全覆盖，切实保障VIP客户服务落到实处。

在2011年，建设银行仍将围绕打造国际一流零售银行的目标，坚持“以客户为中心，以市场为导向”，积极应对外部市场环境变化。

建设银行在推行细分客户、专业化、差异化管理的同时，不断提升网点的客户服务效率和水平，进一步完善精细化管理，改进制度和流程，结合业务的发展不断地创新产品体系，打造优质服务品牌，加快推进业务转型，夯实发展基础，持续提升个人业务的市场竞争力，推动零售业务的不断发展。

曾小平
南洋商业银行（中国）有限公司执行董事兼行政总裁

主要观点

商业银行决策层和管理层应深刻反思和研究：只有赢得客户，才能赢得业务；只有为客户创造价值，才能实现自身价值。

只有为客户创造价值，才能实现自身价值

随着中国银行业全面对外开放，银行业的竞争愈演愈烈。目前商业银行最根本也是最大的挑战就是如何赢得市场和客户。然而，知易行难，“以市场为导向，以客户为中心”虽然被各商业银行作为经营理念加以规定和推广，但能够真正完整体现在银行经营行为、企业文化中的，可谓少矣。究其原因就是商业银行在经营中把追求自身利益放在首位，而忽视交易对手——客户的利益所致。商业银行决策层和管理层应深刻反思和研究：只有赢得客户，才能赢得业务；只有为客户创造价值，才能实现自身价值。

一、客户是银行发展的支撑、利润的源泉

商业银行是以多种金融负债筹集资金，多种金融资产为经营对象，具有信用创造功能的货币经营企业。货币在市场和客户中流通；信用既是银行自身对市场和客户的诚信、承诺和保证，同时也是银行为客户提供的信用产品。银行的业务交易对手是社会各界机构（包括政府、团体、法人等）和自然人，统称为银行客户。涉及的交易又分为直接和间接两类：直接交易是银行与客户之间的债权债务及金融服务，如存款、贷款和银行卡业务；间接交易是银行为客户提供其市场交易的金融服务，如清算、汇款和托收业务。因此，客户是银行业务的基础、利润的来源，只有巩固扩大客户基础，才能保证银行的生存和发展。

二、实现银行价值的途径——为客户创造价值

客户至上，就必须深入研究市场，洞察客户的真实需求，不仅要重视客户的当前利益，还要更加关注客户动态的、长远的利益。为客户创造价值是商业银行的成功法则，只有推动客户发展，才能实现银行自身的成长和繁荣，实现客户与银行的双赢。

（一）根据市场和自身条件，为客户设计最佳金融服务方案

随着我国经济突飞猛进地发展，当前客户的需求越来越趋向于多样化和个性化，商业银行不仅要为客户提供常规的各类金融服务，还必须为客户量身定制最佳金融服务方案，即从客户的需求出发，对客户信息进行整合和细分，根据不同的客户需求设计不同的金融服务方案，使客户需求得以满足的同时，减少客户的财务成本，降低利率和汇率风险，甚至信用和市场风险，促进客户良性发展。

（二）创新产品，引导和创造客户需求

产品多样化及产品创新能最大限度地满足客户的个性化服务需求。银行对金融产品及衍生工具的创新起着主导作用，引导市场，创造需求，赢得客户，引领同业。这样不仅使客户得到全新的金融服务，而且可实现银行收益最大化。

针对经济金融市场国际化和客户流动范围国际化的发展趋势，越来越多的银行在不断加强跨国性的金融产品和服务创新，包括：传统产品注入新的元素或整合功能的产品研发；收益和风险对冲工具的研发；商业银行与资本市场、投资银行领域相关产品的研发；本土业务与跨境业务的产品和服务创新……这些都将成为商业银行的创新方向。

南洋商业银行（中国）有限公司作为中国银行控股的中银香港的全资子公司，背靠中国银行及中银香港，我行的业务从境内到境外可在中国银行系统内全部完成，具有快捷、高效、安全的特性，尤其在跨境金融服务方面的创新具有明显的优势。目前，我行已初步设立离岸中心、押汇中心和产品研发机构，同时提供NRA账户和跨境人民币结算、多方协议融资业务、投资理财和一卡两账户等多种产品组合，为客户提供最好的选择。

（三）优化服务方式及功能，为客户提供方便、快捷的金融服务

由于银行的经营与服务具有同质性和易模仿性，单靠产品很难成就同业难以超越的核心竞争力，服务方式及功能等内在“软件”因素所体现出来的

个性化及差异化才起到了决定性作用。

除了传统网点服务外，电子银行目前正步入高速成长的时期并作为商业银行新兴的服务渠道，客户通过网上银行、电话银行、手机银行等电子银行渠道能够实现账务查询、转账汇款、缴费、网上支付、投资理财等各项功能，享受方便、快捷的金融服务。银行的概念已经不再简单体现在柜台和排队，而是生动地“转身”为一种随身、随时的“电子财务管家服务”。

与中资银行相比，外资银行在分支网点方面普遍不具优势，南商（中国）不仅将电子银行服务建设作为拓展服务渠道的重要手段，更陆续推出了借记卡同城、异地跨行取现零手续费及个人网银境内跨行汇款零手续费等活动，为客户提供更方便、快捷的金融服务。我行年内有望与中国银行内地分支机构柜台业务连通，一旦顺利对接，不仅能为广大客户带来便利的服务，也将使我行的网络渠道迅速延伸。

三、倡导并推进以客为先的企业文化

“以市场为导向，以客户为中心，为客户创造价值，最终实现银行自身价值”已成为南商（中国）的经营理念，这一理念已逐步融入南商（中国）的企业文化之中。南商（中国）作为改革开放后第一家进入内地的外资银行，一开始就秉承了“以客为先，以礼待人”的服务理念和“信誉第一，服务至上”的服务宗旨。经过20多年的不断实践和磨炼，我们更加深刻地认识到“以客为先”、“为客户创造价值”作为南商（中国）的企业文化的重要意义。

首先，南商（中国）全行展开讨论，以便对经营理念和服务理念达成共识，彻底转变观念，“以客为先”成为自觉的行动。

其次，在制度和流程上不断完善和优化，在依法合规的前提下，尽可能为客户提供优质、快捷、方便的各种金融服务，把“卓越服务”作为一项长期战略体现在制度和流程中，并作为员工守则的重要内容。在机制上保证“以客为先”得以落实。

最后，在内部管理和绩效考核上，把客户的满意度作为核验标准。除了接受客户的监督、投诉外，我们还组织“神秘嘉宾”明察暗访，对分支机构的各种服务进行检查，奖优罚劣，弘扬“以客为先”的企业文化。

四、提升品牌价值，打造内港往来客户首选银行

客户首选银行从客户角度来看就是目标客户需要银行服务时最先想到并且主动接受其服务的银行。实现客户首选银行的目标，关键是提升银行品牌价值，增强客户对银行品牌理念的认同。商业银行不仅要加大品牌建设战略投入，更要提升核心竞争力，为客户提供最优的服务、最具竞争力的产品，最大限度地满足客户需求。

加强社会责任体系建设能最大限度地帮助商业银行提升品牌内涵，提升客户的认同感和忠诚度。在经济责任方面，合法诚信、永续经营、致力于创造更多财富；在环境责任方面，善用金融资源，加大节能减排政策指导力度，对于绿色产业优先授信支持，为低碳经济作贡献；在社会责任方面，推广公益类产品，为客户提供承担社会责任的平台。

我行于2010年10月推出了爱心存单，倡导客户将存款利息捐给中国红十字基金会的红十字书库项目，为贫困地区的孩子提供平等的读书机会。该产品触摸到客户希望承担社会责任的潜在需求，为客户支持社会公益项目搭建了直接平台，得到众多客户的认可和积极响应。

只要能为客户创造价值，客户就会永远打开大门欢迎你。我相信，只要南商（中国）能够继续秉承以客户为中心的经营理念，以客户的进步为喜悦，以客户的满意为责任，就能最终实现银行与客户的双赢。

朱俊霞　平安银行零售业务产品管理部总经理

主要观点

中产家庭在2011年须进行更灵活的资产配置，就是说要根据不同时间段的市场热点来调整资产配置结构。

资产配置需要更加灵活

如何跑赢通胀势必成为2011年理财市场的主题。2011年资本市场面临十分复杂的内外部经济环境，国内外经济形势和国内的相关货币政策对资本市场的短期波动将形成冲击，但总体还是乐观的，股市将在震荡中向上。

中产家庭在2011年须进行更灵活的资产配置，就是说要根据不同时间段的市场热点来调整资产配置结构。我们判断2011年全年通胀高点集中在上半年，各种宏观政策包括货币紧缩、连续加息以及人民币升值等政策可能集中在上半年。上半年投资市场将呈现较大的波动态势，在资产配置上，要适当提高资产配置的流动性，可减少资本市场投资和长期固定收益类产品的配置，适量配置黄金资产，提高现金类资产的比例。在现金管理类资产配置方面，可以考虑购买银行发行的各类债券与货币市场类理财产品。当前国内债券市场利率、同业拆借和贴现利率都已基本实现了市场定价，在上半年流动性偏紧的情形下，债券与货币市场将保持较高的市场利率，目前各家银行发行的3个月内的理财产品收益可观，远高于同期存款利率，达到了2.5%—4%的水平；进入下半年，如果通胀压力得到缓解，货币政策将有所放松，政府继续实施积极的财政政策，经济继续维持稳定增长，资本市场有可能出现系统性上涨，可以适当提高资本市场以及中长期投资比例。